エディー戦記

だからラグビーは面白い

That's why our game is exciting.

著

エディー・ジョーンズ

編

竹鼻 智

ベースボール・マガジン社

キックオフ

田村 一博
（元ラグビーマガジン編集長）

貫いているのは「美学」

メールの返信は、多くが「domo domo」で始まる。

2015年11月20日、日本代表ヘッドコーチを退任して間もないエディーさんのイングランド代表ヘッドコーチ就任が発表された。当時ラグビーマガジンの編集長だった。新年になるタイミングで何か新しい連載を始めたいと考えていた。

周辺の慌ただしさも落ち着いたかな。そう考えた同年末、世界的に注目を集めていた新HCに「1月発売号から連載コラムを始めませんか」

とメールを送ると、すぐに「domo domo」で始まる快諾の返信が届いた。ロンドン在住記者との初取材の日程もすぐに決まる。原稿料の振込先を尋ねると、銀行通帳の表紙画像が届いた。仕事がはやい。

『求める人』に優しい。2012年の日本代表HC就任以前、ラグビー技術雑誌の連載を持ちかけた際もそうだった。若きコーチが指導現場を訪ね、哲学を訊く内容。それも面白がって受け入れてくれた。

率いるチームに関係なく、若い選手、新しい選手たちを積極的に起用するのも、根本に停滞を嫌う気持ちがあるからだ。「プレーヤーが求めているものを与えるのではなく、その選手がベストになるために必要なものを探し、与えるのがコーチ」が信念。だから、「私は選手からいつも学んでいる」と言える。コピーは、それ以上にならない。オリジナリティを愛す。

キャリアを振り返れば、常に勝っているわけではない。ただ、貫いているのは「美学」。勝てばいい、というようなラグビーには興味がないと話したことがある。2006年だった。

「試合に勝ちたい。それも、スタイルをともなって勝ちたい。いかにプレーするかということが重要。単に勝つだけでなく、美しく勝ちたい」

2024年に話したことも芯は同じ。

「自分たちにとっての当たり前が、相手にとっては突拍子もない。観ている人たちが、次は何をするのかと、のめり込むようなラグビーで勝ちたい。どっしり腰を落ち着けて観るようなラグビーはしない」

2000年の8月、シドニーのウォーターフロントでランチを共にした。スーパーラグビー、ブランビーズの指揮官を務めていた。翌年からオーストラリア代表を率いた。

長めのランチタイム。いろんなコーチがエディーさんの隣の席に座っては、少し話し、去っていった。

自分が何を食べたか、味はどうだったか、まったく記憶にない。ラグビーの話ばかりだった。

編者はじめに

2016年1月。ラグビーイングランド代表の合宿時に使われる、ロンドン郊外のペニーヒルパークホテルのロビーに、カジュアルな服装で現れたエディーさん。その前年のワールドカップ・イングランド大会で日本ラグビー史上最高の戦績を残し、その後、南アフリカのスーパーラグビークラブ、ストーマーズでの仕事を始めた矢先に、引き抜かれる形でイングランドへやってきた。

本書にある8年間の記録は、エディーヘッドコーチ（以下、HC）が日本を去ってから、再び戻ってくるまでの日々のハードワーク日記とも言える。卓越した戦術眼と独自の世界観で知られ、ラグビーコーチとしての実績は、まさに稀代の名将と呼ぶにふさわしい。

テストマッチレベルのラグビー界は狭いもので、再び日本代表を率いて戦うエディーHCの2024年秋の欧州遠征最終戦は、イングランド代表が相手だ。ご存じの読者の方もいるかと思うが、現イングランド代表のスティーブ・ボーズウィックHCは、日本とイングランドの両代表チームで、エディーHCのアシスタントコーチを務めた。また、エディーHCは、2018年と22年のテストシリーズで、イングランド代表を率いて日本代表と戦った経験がある。

本書の序盤にあるイングランド代表HC就任後の2年間は、まさに快進撃と言える戦績で、テストマッチ17連勝を記録。就任前の2015年、地元開催だったワールドカップで予選リーグ敗退という結果に終わったチームを見事に蘇らせた。その後は不調や乱調の時期があったが、2019年のワールドカップ・日本大会で準優勝。決勝戦で南アフリカ代表に敗れたのは残念だったが、あのときのチームはワールドカップで優勝できる実力を十分に持ったチームだった。

だが、不運も重なって、2021年から不調が続き、22年秋に解任された。その後、すぐにオーストラリア代表HCのオファーがきたのは、不幸中の幸いだったのだろうか。地元開催となる2027年のワールドカップへ向け、多くの若手が抜擢されたオーストラリア代表は、2023年のフランス大会で、同国代表史上初の予選リーグ敗退となった。

稀代の名将とはいえ、人間だ。謝罪とともに選手選考や戦術などでの失敗を認め、辞任を表明。後に、メディアとの軋轢についても反省のコメントを述べている。「禍福はあざなえる縄の如し」という言葉があるが、ラグビー界で数奇な運命を辿ってきたエディーさんは、山あり谷ありのラグビー人生を送ってきた。

トップレベルでのラグビーの仕事は今回の日本代表で最後だろうという本人の言葉がある。2027年にオーストラリアで開催されるワールドカップに向けて始まっている、名将の最後の挑戦にこれからも注目だ。

contents

CREDITS

編集

八木 陽子

デザイン

黄川田 洋志

写真

松本かおり

Getty Images

本書籍は、『ラグビーマガジン』で連載した「EDDIE'S WAY IN ENGLAD」「EDDIE'S WAY IN AUSTRALIA」（2016 年 3 月号から 2023 年 12 月号）を修正し、新企画を加えてまとめたものです。

※ 本書内に登場する選手の年齢および所属は連載当時のもの

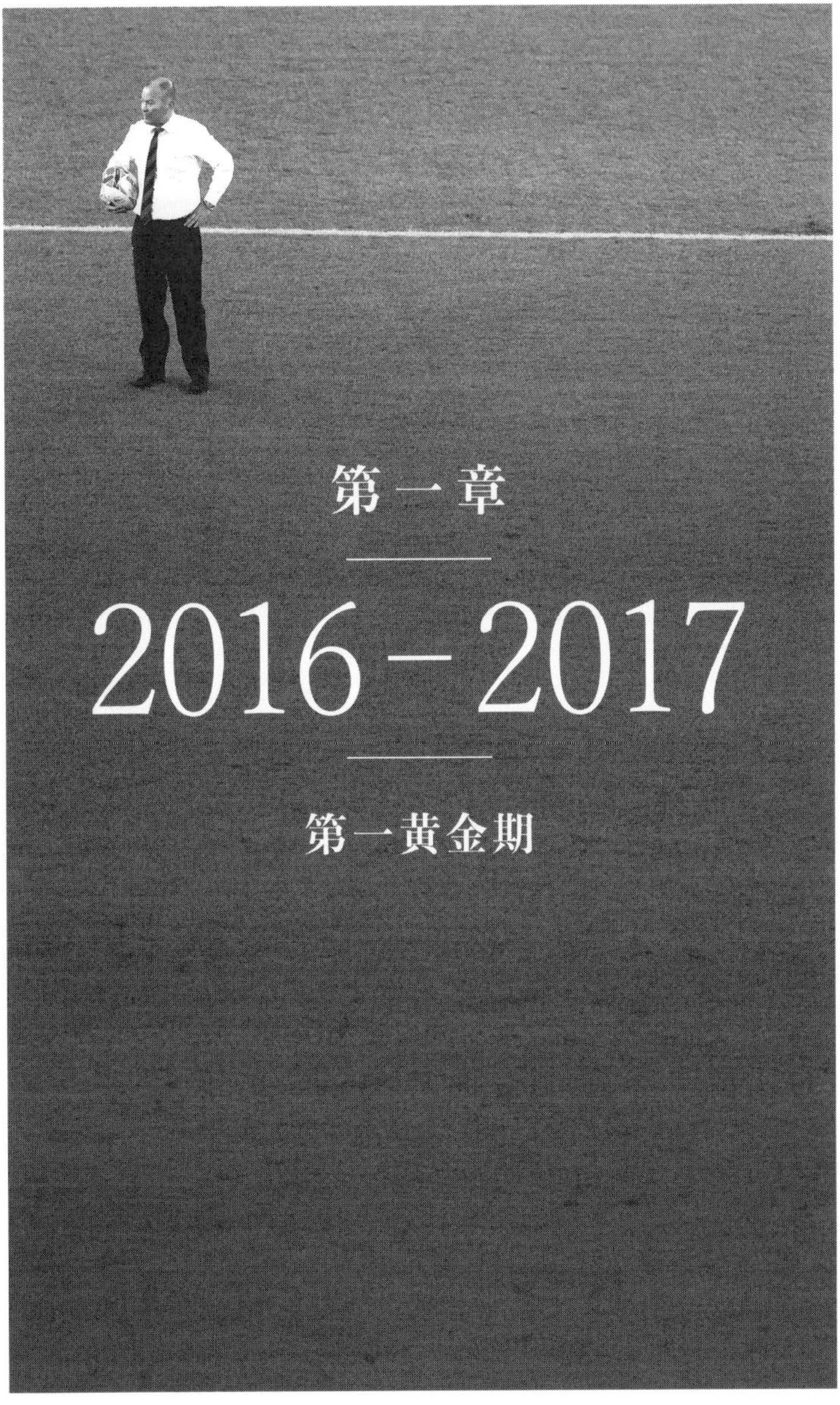

第一章

2016－2017

第一黄金期

過去よりも、現在と未来を重視します。

2016年3月号

私のイングランド代表ヘッドコーチ（以下、HC）就任について早くから推測や噂があったのは知っていました。しかし私は、実際にある話とは考えませんでした。

前任のスチュアート・ランカスターHCの解任がアナウンスされた翌日でした。イングランド協会CEOのイアン・リッチーから連絡を受けました。私に会いに南アフリカまで行きたい、と。仕事を探すということをせず、そうやって誰かから連絡がくる。私の場合、いつもそんな感じです。今回もアプローチを受けて就いた仕事です。

今のイングランド代表選手、これから2019年のワールドカップに向けて代表に上がってくる世代には才能のある選手が多い。その若い選手たちを成長させていけることに大きなモチベーションを感じ、オファーを引き受けました。昨年の大会に出場した選手にも若い選手が多く、大半が次のワールドカップまでトップレベルでプレーできるはずです。

1月に入ってからの一番の仕事はシックスネーションズへ向けての代表選手の選考でした。目の前の試合を一つひとつ勝っていくことと、2019年に向けた若手の育成。その二つを軸に考えています。実力さえあれば、現在そのポジションでナンバーワンなら30代のベテラン選手でも招集します。過去に試合中のラフプレーや、私生活での問題が原因で代表から外された経歴のある選手もいたようですが、過去よりも、現在と未来を重視します。私がHCとなる前のことは、今後の代表選考に影響しません。

代表強化のため、私自身が文化やメンタリティの面も含めた、イングランドのラグビーをさらに深く理解することも非常に大事な仕事です。イングランド代表のラグビーは伝統的にセットプレーが強く、ディフェンスがしっかりしている、そんな特徴を持っています。昨年のワールドカップでは残念な結果でしたが、それは選手が持っている実力を完全に発揮できなかっただけで、ポテンシャル自体は非常に高い。正直言って、今のイングランド代表には世界トップレベルの選手は1人もいませんが、それは選手が持つポテンシャルを最大限に発揮させるための何かが欠けているからです。それを引き出すのが私の仕事です。

ただ間違ってはいけないのは、代表の監督が私に代わったからと言って、やみくもに何もかも変えていけばいいというものではありません。伝統的なイングランドの強みは変えることなく、そこにいかに新しい強みを加えていくか。それが私のアプローチです。そのためには、イングランドのラグビーの何を変えることができ、何が変えられないかを知り、見極める必要があります。

このアプローチは、私が日本代表の指揮を執ったときも同じでした。例えば日本のラグビーの長所は、規律を重んじたプレーと、常に攻撃しようとするメンタリティです。ただ、ディフェンスはあまり得意ではありません。私が日本代表のHCとして取り組んだのは、もともとあった長所に、ディフェンスやコンタクトプレーの強化、という新しいものをつけ加える強化策の実行でした。ワールドカップ前には6か月近い期間に渡り強化合宿を行い、選手たちに非常にハードなトレーニングを課した。日本の選手には、それに耐えられる特性があるからです。イングランドでの強化策は、当然それとは違うものになります。

今回の代表選手の選考における大事な決定として、キャプテンの任命というものがあります。私の考えでは、まず第一にキャプテンは不動のレギュラーでなければいけない。次に、とにかく攻撃的で激しいタイプの選手である必要がある。試合では攻撃的なプレーに徹し、激しくチームを引っ張っていける選手がキャプテン。そう考えています。

過去に私が指導に関わってきたチームでは、ジョージ・グレーガン（オーストラリア代表）、ジョン・スミット（南アフリカ代表）、スティーブ・ボーズウィック（サラセンズ／イングランド代表コーチ）をはじめ、多くの素晴らしいキャプテンを見てきました。特にボーズウィックは、試合中のコンタクトプレーそのものの激しさや攻撃性というより、精神面やラグビーへの取り組みが非常に激しいキャプテンだった。私は、そういうものが非常に大切な要素と思っています。

今、日本では、ワールドカップで活躍した代表選手がラグビー人気向上のためにテレビ等に出演しているようですね。これは間違った考えでしょう。ラグビー選手がバラエティー番組に出演したところで、ラグビー競技人口が増えたり、日本のラグビーが強くなったりはしません。そもそも、なぜラグビーが注目を集めたか考えてみてください。日本がワールドカップで南アフリカを破り、プールマッチで3勝したからです。代表チームが勝つ。選手は、そのために全力を尽くすべきです。

2月には日本代表の（アマナキ・レレィ・）マフィがプレミアシップのバースに移籍してくるようです。楽しみですね。リーグのプレーの激しさに適応しなければいけませんが、彼なら間違いなく主力として活躍できる。マフィは、彼にしかない特別な才能を持った選手だから。

とにかく今は、目前に迫ったシックスネーションズ、スコットランドとの初戦（2月6日）に勝つことに集中しています。現在のイングランドのワールドランキングは、シックスネーションズ参加国中4位です。初戦に勝ち、次のイタリアにも勝てば、いい位置につけられる。まず、そこに注力します。

リーダー陣には、バランス感覚より激しさを求めた。

2016年4月号

シックスネーションズにHCとして参加するのは今回が初めての経験ですが、私にとってはほかのテストマッチを指揮するのと何ら変わりはありません。ただ、この大会の社会的な存在感は面白いですね。6か国の関係が非常に近く、サポーターたちも熱狂的。私はどこの国にいても毎年シックスネーションズは観ているので、多くの選手について知識があります。

イングランドの初戦、スコットランド戦（15―9）での戦い方が保守的だったと言う声もあるようですが、テストマッチは勝つことがすべて。とにかく、その試合に勝つために一番いい手で戦うのは当然のことです。

2戦目のイタリア戦では前半で相手を消耗させ、後半で6人のFWを入れ替えた。最後の20分で大きく引き離すというゲームプラン通りになりました。ただし、イタリアは参加国で一番格下のチーム。点差は開きましたが、イングランドのプレーの完成度は、初戦と比べて特によかったということもありません。

この先のアイルランド、ウエールズは手強い相手です。ここ数シーズンはこの2チームが大会を支配していますからね。イタリア戦ではリザーブ8人のうち6人をFW、2人をBKにしましたが、次のアイルランド戦は当然違うゲームプランになるので、5人FW、3人BKでいきます。注意すべきプレーヤーは、SHのコーナー・マレーと、SOのジョニー・セクストンです。マレーはキックもうまく、近場のスペースを上手に使える、クレバーなタイプの選手。セクストンは司令塔で、アイルランドのチャンスはほとんど彼のプレーから生まれています。キープレーヤーであるこの2人には激しく仕掛けていきます。特にセクストンは厳しいコンタクトプレーを受けることになるでしょう。ラグビーとはそういうものです。

イングランド以外で注目の若手を挙げるとしたら、イタリア代表SOのカルロ・カンナですね。スピード、パワー、バランスを兼ね備えたランナーで、スペース感覚も素晴らしい。

イングランドは、キャプテンのHOディラン・ハートリーだけではなく、CTBオーウェン・ファレル、FBマイク・ブラウンなども激しく、攻撃的なタイプの選手をバイスキャプテンに任命しています。ワールドカップで残念な結果に終わり、自信をなくしている今のイングランドは、こういうタイプの選手がチームを引っ張っていかなければなりません。冷静なタイプの選手をバイスキャプテンにしてバランスをとるよりも、とにかくチームに活気を注ぎ込む激しいタイプのリーダーが、今のイングランドというチームには必要です。

ただ、選手たちの人間的な性格は、ラグビーでいかに激しく、攻撃的なプレーをするかとはまったく別物です。普段は温厚で従順な子どもが、ラグビーで非常に激しいプレーをすることだってあります。日本代表のリーチ マイケルなどがいい例で、彼はラグビーでは非常に激しいタイプの選手ですが、ピッチを離れればとても穏やかな性格ですよ。

ここまでのトレーニングでは、時間を長くしたりはしていませんが、これまでより強度の高い、激しい練習をしているつもりです。シックスネーションズの大会期間中のトレーニングだけでも、選手たちのフィットネスレベルは上がっているはずです。

試合によって走り回るゲームプランや、そうでない場合もありますが、イングランドの選手は全体的にもっとフィットネスを上げる必要があります。スコットランド戦でマン・オブ・ザ・マッチに輝いたNO8のビリー・ヴニポラは、私が開花させたい若い才能そのものです。彼は世界最高峰のレベルに達する才能はありますが、そのためにはワークレートを上げ、フットワークやパスプレーに磨きをかけるなどしてプレーの幅を広げていく必要があります。ほかにもチームには才能溢れる若い選手が多くおり、皆、素晴らしい態度で厳しいトレーニングに励んでいます。彼らを世界最高レベルのプレーヤーに育て上げる。それが私のイングランドでの仕事のひとつであり、それはまだ始まったばかりです。

先日、イングランドのバースに移籍してきた（アマナキ・レレィ）マフィが、マン・オブ・ザ・マッチの活躍をしました。ニューカッスルと契約した畠山（健介）は、欧州ではPRとしては体が小さいので、簡単にはいかないでしょう。

また、ゴロー（五郎丸歩）が来季からフランスのチームに来るかもしれないという話もあるようですね（トゥーロンと契約、とのニュースが流れる）。レッズでの挑戦もそうですが、彼は日本でスーパースターでありながら、それを捨てて世界の強豪と勝負しにいくのですから、素晴らしいことだと思います。

世界一まで満足はしません。サンウルブズ、観ましたよ。

2016年5月号

選手の才能から考えて、イングランドは今回のシックスネーションズで優勝できると思っていました。しかし、1試合（3月19日のフランス戦）を残した段階で優勝が決まるとは思っていなかった。ただ、目標はあくまで世界一です。ここで満足するつもりはありません。

選手たちのメンタリティーや特性についてはだいぶ把握してきましたが、まだ学んでいる最中です。これまでに私が気づいた彼らの短所は、保守的で、守備的なプレーをしがちな点。ですが、一度コンセプトを説明すればすぐに飲み込めるという長所も持っています。

キャプテンのディラン・ハートリーは、選手たちからの信頼も厚く、勇敢で、コミュニケーション能力も高い。素晴らしいキャプテンです。私の仕事は代表チームを勝たせることで、ハートリーの過去の問題（試合中のラフプレー、レフリーへの暴言などで、通算54週間の出場停止処分の経験を持つ）から彼がキャプテンであることに異議を唱える人がいたとしても、私の知ったことではありません。彼は現在、私のチームでキャプテンとしての役割をしっかりと果たしています。

優勝を決めたウエールズ戦では、最後の10分間で立て続けに2トライを奪われ、僅差での勝利となりました（25―21）。後半に経験の浅い若手を出場させたという点もありますが、これは相手に実力があったからです。アイルランド戦はもっと余裕のある試合展開で点差も開きましたが（21―10）、イングランドの出来はウエールズ戦の方がよかった。アイルランドは力が落ちていますね。

私が代表HCとしては初の外国人HCだからか、イングランドのメディアの連中は常に私のやることに対して批判的だったり、懐疑的なコメントを掲載したりしています。この手の話は真面目に相手にせず、笑って流すのが一番ですね。メディアに気を使ってみたところで何にもなりませんし、私は自分のやり方で自分の仕事をするだけです。

このシックスネーションズが終われば、次の目標は7月のオーストラリア遠征になります。イングランドは強くなっていますが、南半球のチームとの実力差が縮まっているかどうかは、ここでオーストラリアと手を合わせて初めてわかると思います。

イングランド代表HCである以上、プレミアリーグの試合は常によく観ていますが、（バースのアマナキ・レレィ）マフィの活躍ぶりには本当に目を見張るものがあります。畠山（健介／ニューカッスル）も、こちらでは軽量級のPRですが、よく頑張っています。2

人とも、これからが楽しみです。

サンウルブズの試合も観ました。ワールドカップを戦った日本代表の中でも、安定したパフォーマンスを見せるいい選手がスコッドに入っていますね。サンウルブズでプレーせず、ほかのスーパーラグビーチームでのプレーを選んだ選手が何人もいますが、仮に私がチームを率いていたとしても、彼らを引き留め、サンウルブズでプレーさせることはできなかったと思います。彼らは彼ら自身の考えでどのチームでプレーするか決断しているわけですから。

私が見たところでは、マーク・ハメットに率いられたチームは、常識的なプレーをしているように見えます。少しキックが多すぎるようにも見えますが、総じていいプレーをしていますね。

初戦のライオンズ戦で13―26、2戦目のチーターズ戦で31―32と、それなりに善戦しているように見えますが、これはサンウルブズの善戦というより、スーパーラグビーのレベルの低下を表しています。ひどいレベルの試合も幾つか見受けられます。

今のスーパーラグビーは参加チーム数が多過ぎます。これでは強いチームと弱いチームの差が開きすぎてしまう。例えば、南アフリカはこれまで5チームがスーパーラグビーに参加しており、そのうちの3チームが強いチームでしたが、今は南アフリカから6チームが参加し、その中で強いチームは1チームだけです。才能のある選手が、複数チームに散らばりすぎてしまっています。さらに、スーパーラグビーでプレーしていた選手が、欧州のチームへ次々と移籍しているのも、レベルの低下の一因です。

いずれにせよ、サンウルブズが最初の2戦を善戦したと言って喜んでいるようでは、日本のラグビーも以前の状態に逆戻りですね。結局は開幕2連敗です。負けは負けです。喜ぶような話ではありません。ここで喜んでいるようでは、昨年のワールドカップ前の状態に逆戻りです。「ヨクガンバリマシタ」と言って、負けても賞賛を浴びてしまうのは明らかに間違いです。これは日本ラグビーの情けない点ですよ。

サンウルブズ以外のスーパーラグビーチームでプレーする日本代表選手では、ツイヘンドリック（レッズ）、マレ・サウ（ブルーズ）、リーチ マイケル（チーフス）がいいプレーをしていますね。

ほかのスーパーラグビーチーム所属の選手は、まだほとんど試合にも出ていないでしょう。五郎丸（歩）は試合に出場はしましたが、低調なパフォーマンスでしたね。スピードも足りない。体も小さくなっているように見えた。もっとしっかりウエートトレーニングするべきでしょう。彼はこのままではいけない。もっと厳しく鍛錬に励み、実力でレギュラーポジションを獲得しなければ。

シェイプは終わった。ラグビーに終わりなし。

2016年6月号

ラグビークリニックのため、4月上旬は日本に滞在していました。

私はいつも、日本のラグビーに対しての「恩返し」をしたいと思っています。日本での経験では、ラグビーというゲームに限界はないということを学びました。どれだけいい選手になれるか、どれだけいいチームになれるかに限界など存在しない。これは私自身にとって、非常に貴重な学びの経験でした。

根性論のみに過剰に重きを置く、日本の古いタイプのコーチには、ラグビーというゲームは根性以外の様々な重要な要素があるということを伝えたい。精神的にタフであることだけがいいラグビー選手の条件ではありません。

いいラグビーコーチになるためには、ラグビーに対する正しい知識と、常に学び続ける情熱が非常に大切。日本の指導者の問題点のひとつは、自分はラグビーについて何もかも知っていると誤解しているコーチがいることです。井の中の蛙にすぎません。ラグビーというゲームは常に変わり続け、コーチは常に学び続けなければならない。例えば、ワールドカップの際の日本代表のプレーのコンセプトのひとつに、常に「シェイプ」を保つという戦術がありました。しかし、今はもう「シェイプ」は通用しなくなった。自分がラグビーのすべてを知っていると思ったことはありません。常に、自分よりも知識のある人、経験がある人と会い、何を学べるかを考えています。

サンウルブズの試合は観ていますが、とにかくこのチームはマネジメントがお粗末。それが原因で代表の主力選手を確保できず、このような結果になっている。チーム運営が、世界のプロチームのレベルに達していません。予算の確保や、選手との契約すらうまくまとめられないようでは閉口します。リーチ マイケルはとにかくチーフスでプレーしたいようですが、それ以外の代表選手がサンウルブズでプレーしないのは、本物のプロチームとしての環境や待遇を提供できていないからでしょう。それがこれまでの結果に直結しています。

サンウルブズは、まずしっかりとしたプロのマネジメントが必要。本物のプロラグビーチーム運営の経験があるＣＥＯを連れてこなければなりません。日本人にこの経験がある人がいないのなら、外国人を連れてくるしかありません。山田（章仁／ＷＴＢ）や真壁（伸弥／ＬＯ）など日本代表選手の負傷の穴埋めに日本代表資格のない選手を招集しているようですが、現状のサンウルブズは、もはや本来の目的を失っていますね。

私が日本のチームをスーパーラグビーへ参加させるために奔走した第一の目的は、日本代表の強化です。従来、代表チームがレベルの高い試合をできるのは年間10試合程度でしたが、代表チームに準ずるチームがスーパーラグビーに参加すれば、これが年間25試合になる。これはまたとない代表チーム強化の機会であり、２０１９年ワールドカップへ向けた最高の準備になるはずでした。第二の目的は、若手の育成です。個別のチームでそれぞれのチームのスタイルでバラバラにプレーしている若手に、日本代表というチームの強化に繋がる一貫したプレースタイルを植えつける予定でした。

現在のサンウルブズの状況は、指揮を執るマーク・ハメットの責任ではありません。日本の選手をよく知らない状態で、中途半端なチームを任されてしまったのですから。彼は今、チームの最低限の面子を保つために奔走しなければならない状況に置かれ、サンウルブズの本来の目的のための仕事をすることすらできない状態です。皮肉にも、今の日本のラグビーには、世界で戦うだけの選手層自体はできつつあるのに。サンウルブズ以外の海外のプロチームでプレーできる選手が何人もいるわけですから。

私がイングランド代表チームＨＣに就任した際の状況は、恵まれたものでした。前任のスチュアート・ランカスターが作り上げた代表チームには才能豊かな若手が数多くおり、これは彼の功績に尽きます。

この夏にオーストラリア遠征に連れていく選手についてもすでに考え始めていますが、まだ代表経験のない若手も連れていく予定です。その結果として、シックスネーションズでは代表だった選手が代表落ちすることになりますが、私はこうした選手には、電話で直接、なぜ代表から外れたかを説明するようにしています。技術的な理由の場合もありますし、精神面、姿勢、周囲の選手との関係などケースバイケースですが、それぞれの選手の事情に合った形でコミュニケーションをとるようにしています。

南半球のチームには常に世界トップレベルのオープンサイドFLがいますが、イングランドはこの点はまだまだです。ジェームズ・ハスケルがシックスネーションズではオープンサイドとしてそれなりにいいパフォーマンスを見せましたが、そもそもイングランドには、世界トップレベルの選手がまだいない。現状では、ビリー・ヴニポラ（NO8）がそのレベルになれる可能性がありますが。

遠征には、オーストラリアを倒すために現状で最高の選手たちを連れていきます。クリス・アシュトン（WTB）など、クラブ試合でのラフプレーによる出場停止処分でシックスネーションズでの代表入りを逃した選手もいますが、実力があり、チームプレーを徹底できる選手であれば、何の問題もない。チャンスは十分にあります。

有力クラブとの関係を深め、知識を増やす時期。

2016年7月号

シックスネーションズが終わり代表チームが解散したあと、私は代表選手を輩出したクラブ、そして、できるだけ多くのそのほかのプレミアシップのクラブも訪問しました。代表HCとして、クラブといい関係を保つことは大切ですからね。クラブのHCたちは、代表に呼ばれた選手たちがいい状態で自分たちのところへ戻ってくることを望んでいるので、その点には私もいつも気をつけています。

また、クラブと代表でプレーするポジションが違う選手もいますが、私がクラブでどのポジションをプレーすべきか、口出しをするようなこともしません。

この時期は、オーストラリア遠征に向けて遠征メンバーを選んでいるところです。オーストラリアは欧州のチームに比べて、よりテンポの速い、ランニングラグビーを志向しています。しかし、だからといって遠征メンバーを過剰にそのスタイルに合わせるようなことはしません。遠征に連れていくメンバーは相手に関係なく、現時点でのベストメンバー。試合の戦術によりスタメンを変える、という程度です。

イングランドはオーストラリアのプレーのインテンシティー（瞬発的なプレーの激しさ、強さ、速さ）に追いつく必要があり、その部分を重点的に鍛えてツアーに挑もうと考えています。イングランドの強みはＦＷのサイズとパワーで、これを活かしてゲインライン上での攻防に勝つのが、チームとしての大きな武器です。どのチームのディフェンスシステムにも必ず弱点は存在するので、オーストラリアのディフェンスシステムの弱点を分析し、そこをいかにうまく突けるか。そこが勝負の鍵です。

オーストラリアは伝統的にスクラムが強くないチームですが、昨年のワールドカップでの対戦では、イングランドをスクラムで完全に圧倒しました。オーストラリアは昨年、アルゼンチンからスクラムコーチとしてマリオ・レデスマを招聘しました。彼の存在は、オーストラリアのスクラムが強くなった大きな理由のひとつでしょう。

ある分野に特化した1人の専門的コーチが加わるだけで、チームは大きく変わることがあります。日本代表もそうでした。スクラムコーチとして加わったマルク・ダルマゾが、日本のスクラムを大幅に強化したのもそのいい例です。

ダルマゾは、私が日本代表のＨＣだったときに紹介を受けたのですが、実際に会ってみて、彼こそが日本のスクラムを変えられる男だと確信し、コーチとして招きました。専門分野に特化したコーチというのはときに非常に重宝される人材であり、そのコーチのレベルを見抜くのもＨＣとしての能力のひとつです。

私は、ほかのＨＣからＨＣ哲学を学ぶことがあるのですが、イングランドでは何人かのプロサッカーのＨＣに会いに行きました。チェルシーのフース・ヒディンク、アーセナルのアーセン・ベンゲル、クリスタルパレスのアラン・パーデュー（いずれもイングランドプロサッカー1部リーグ、プレミアリーグのＨＣ）に会ってきました。

ヒディンクは韓国、オーストラリアの代表ＨＣをした経験があり、ベンゲルは日本の名古屋グランパスでのＨＣ経験があります。それぞれ違う国で、その国のスポーツを文化の面からいい方向へ変えていくための試みの話などをし、非常にいい経験になった。

プロスポーツの世界では、ほかのスポーツのＨＣに会って、それぞれの考え方について話をすることはよくあることです。細かいトレーニング手法などの話ではなく、ＨＣ哲学に関することが多いですね。

私は、指導するチームにより指導法を変え、戦う相手により戦術を変え、ひとつの型にはまったやり方などないという意見を持っていますが、ＨＣとしての基本原理は常に同じものを持っています。ただ、その基本原理の実行の仕方にはいろいろな方法がある。状況に応じて最適な実行方法を採る、というのが私のＨＣ哲学です。

日本代表のアジアチャンピオンシップでの試合については観る時間はありませんでした

が、サンウルブズの試合はすべてチェックしています。ストーマーズと引き分けた試合も観ましたが、このチームは、与えられた厳しい状況を考えれば、非常によくやっていると思います。チーターズ戦で大敗を喫したあと、力強く立ち上がった。選手、HC、そのほかチームスタッフも、非常によくやっています。

特にキャプテンの堀江翔太（HO）、立川理道（CTB）、トゥシ・ピシ（SO）、エド・カーク（NO8）、アンドリュー・ドゥルタロ（FL）は、いいパフォーマンスを見せていますね。残念なのは、私がここで名前を挙げた選手のうち、日本人の選手が2人しかいないことです。サンウルブズの中心選手として、もっと日本代表選手の名前が出てくるべきです。

私個人の意見としては、今シーズン途中からイングランドでプレーしていた（アマナキ・レレィ・）マフィと畠山（健介）も、来シーズンはサンウルブズでプレーしてほしいですね。こうした一流選手をいかにチームに引き寄せていくかは、チームマネジメントの仕事ですよ。ゴロー（五郎丸歩）のフランス移籍が濃厚になっているというニュースも読みましたが、レッズでの彼を見たところ、まず体ができていない。そのため、走りにパンチがないですね。アタック能力が高く評価されるスーパーラグビーにおいて、これは致命傷です。フランスに行くことになったら、もっと頑張ってほしいですね。

刺激は歓迎。テストシリーズの準備も着々。

2016年10月号

多くの選手たちが休みをとる夏のシーズンオフですが、私は忙しく過ごしていました。日本へも行き、サンウルブズの試合や、トヨタ×チーターズの試合も観ました。クリケットチームの練習の見学にも行きましたし、カンファレンスに参加するために南アフリカに行き、ストーマーズ（スーパーラグビー）の現HC、ロビー・フレックにも会ってきました。夏休みと仕事の研究を、同時にしていたようなものです。

リオ五輪にはもちろん注目していました。ニュージーランドとフランスを倒した男子セブンズ日本代表の活躍は、本当に素晴らしい。非常にフィットネスレベルが高く、よく組織されたチームという印象を持ちました。イギリス代表もよくやった。世界ナンバー2という成績はいい結果。金メダルを獲ったフィジーは、ほかのチームから頭ひとつ抜けたレベルのチームでした。

HCのベン・ライアン（イングランド人／前職はセブンズ イングランド代表HC）がチームに組織プレーを浸透させた結果です。フィジー人はフィジカル面で、セブンズにもっとも適したものを持っています。ライアンHCは、その長所と独特な個人技の輝きを潰さない範囲内で、組織プレーを浸透させました。

ラグビー以外にも、オリンピックはすべてのスポーツに注目しています。鍛錬に鍛錬を重ねたアスリートたちが、4年に一度の大舞台で、人生最高のパフォーマンスを懸けて競い合う大会ですから。最近では、ある国がメダルを多く獲得した競技について、その国の競技に対する潤沢な強化予算が注目されることがあります。こうした強化予算と、競技の成績にある程度の相関性があるのは当然の事実でしょう。もちろん選手の努力と才能があってのことですが、選手の強化を最高レベルの環境で行うには資金が必要です。プロスポーツが発展し続ける今、大きな強化予算が成績の向上の助けになるのは間違いありません。

イングランドの選手たちが夏休みを終えた8月上旬、3日間の短期代表合宿を行いました。いい合宿だった。次に代表チームが集まるのは10月上旬です。それまでに各選手が強化すべき分野を指示しました。

こうした代表選手の強化は、それぞれのクラブのコーチ陣と協働で行います。私から各選手に出した指示をクラブのコーチ陣に説明し、日々どのように鍛えていくかを話し合う。ケガのために代表から離れている選手たちとは個人的に直接連絡をとり、回復の状況や、日々の生活などについて話しています。キャプテンのディラン・ハートリーも、次の代表シーズンに向けて頑張っています。彼はグラウンドの外では明るい「やんちゃ坊主」で、冗談を言いながら若手からベテラン、選手以外でもいろんな人たちとうまくやっていけるタイプです。

秋のテストシリーズ（イングランド代表は11～12月上旬にかけて南アフリカ、アルゼンチン、フィジー、オーストラリアとホームのトゥイッケナム競技場で対戦）は、初戦の南アフリカ戦を一番大事な試合と見て、準備をしていきます。南アフリカ代表は、１００キャップクラスの主力が数人引退し、ＨＣも交代と、新しいチームに生まれ変わっている最中。対戦するにあたっての細かい作戦も、当然、今から考えています。２戦目以降の作戦も考えてはいますが、１戦目が終わるまでは過剰に考えたりはしない。この秋のテストシリーズは、とにかく初戦が一番大事です。

先日、ラグビー協会とプレミアシップ（リーグ）が、代表選手の招集可能日数などに関する新しい契約（代表チームはより自由に選手を招集できるようになり、クラブ側は協会から今まで以上の報奨金を得るなどの合意）を結びました。これはイングランドのラグビーにとっていい結果です。協会とクラブの良好な関係を保つというのは、私がこの仕事に就いた際に掲げた目標のひとつです。うまくいっています。日本の場合も協会、サンウルブズ、それぞれの企業チームがうまく協働していかなければなりません。

ただ日本の場合は、企業チームが協会より強い経済力を持っているというユニークな事情がある。堀江（翔太）などは日本代表、サンウルブズ、トップリーグと、すべてのカテゴリーでプレーしている状況ですから、彼のような選手の年間試合数は、誰かがしっかりと管理しなければなりません。

しかし日本では、選手のコンディションを保護するようなシステムを、協会が経済力を駆使して作り上げることができない。協会、サンウルブズ、企業チームが、選手の健康と日本ラグビー全体のために、それぞれが妥協し合うような仕組みを作ることが求められます。

日本代表の強化、日本のラグビーの発展は、それぞれが組織の壁を超えた、もっと大きな視点を持つことが大切です。

サンウルブズに必要なのはプロのマネジメントとお金です。

２０１６年11月号

常に他者から新しいことを学び続ける。私の揺るがぬ信条です。

リオ五輪で目覚ましい活躍を遂げたイギリス代表（同国オリンピック史上最高の27個の金メダルは、アメリカに次ぎ2位）の各競技の指導者から学ぶべきことは多いと考えました。自転車、フィールドホッケー、柔道のコーチ陣と、私のチームのコーチ陣が交流する会合をアレンジしました。私自身ラグビーチームのＨＣとして、ほかのスポーツの指導者との交流から学ぶことは非常に多いと実感しています。私のコーチ陣も同じです。彼らも、常に学び続けなければなりません。

例えば、優勝候補の筆頭であったオランダを倒して金メダルに輝いた女子フィールドホッケー。このチームからは、選手たちの才能をいかに育て、チームとしてのパフォーマンスをどうやって最大化させたかを聞きたい。また柔道からは、ラグビーの密集でのプレーに通じるものを多く学ぶことができる。我々のトレーニング施設にも柔道用マットを設置し、体の使い方などを学ぶ予定です。私が日本代表のＨＣをしていたときに、スポットコーチで格闘技選手を招聘しましたが、それと同じです。

柔道については東海大学ラグビー部のコーチをしていたとき、同大学で柔道部の指導をしていた山下泰裕さん（1984年ロサンゼルス五輪無差別級金メダル）との交流から学びました。とにかく、常に他者から新しいことを学び続ける。選手たちに対して常に向上していくことを求めているわけですから、我々指導者もそうあるべきです。

今までいろんなチームで、HCとコーチという関係で、未来のHCとなるべき人たちと一緒に仕事をしてきました。中でも、スティーブ・ボーズウィック（イングランド代表FWコーチ）、スコット・ワイズマンテル（モンペリエBKコーチ）、沢木敬介（サントリーHC）は、私が指導してきた指導者の中でも、際立って優秀です。彼らはすでにラグビーをよく知っていますが、さらに学び続ける情熱がある。これは指導者として、非常に重要な要素です。

私は、「教える」という仕事が天職であると感じており、ラグビーの世界で指導者として多くの人にラグビーを教えています。だからと言って、自分がラグビーのすべてを知っていると思ったことはありません。いつでも、学び続けています。

今は秋のテストマッチに向けて準備をしています。6月のオーストラリア遠征を振り返ると、結果は3戦全勝ながら内容はまだまだでした。ディフェンスと、試合によってラインアウトの精度にバラつきがありました。ある試合で10点満点の8点、次の試合で4点ではダメ。常に10点満点で、最低でも8点のパフォーマンスを発揮できるようにしないと。それを実際にやっているのがオールブラックス（ニュージーランド代表の愛称）で、我々はオールブラックスを倒すために日々鍛錬を重ねているのです。

そのためのキーポイントのひとつとして、「つらさをまったく気にしない」というものがあります。試合の最後の15分間というものは、肉体的に非常につらいものですが、そのつらさの中でも平然と正確なプレーをし続け、パフォーマンスが落ちない精神的、肉体的な強さが必要です。

フィロ・ティアティアがサンウルブズの来季HCに就任したと聞きました。彼には、私の日本代表HC時代にスポットでFWコーチとして来てもらったこともあり、個人的にもよく知る仲です。彼は真のラガーで、本当にいい奴。指導者としての実力もあり、サンウルブズでもいい仕事をするでしょう。

ただ、このチームの来季の戦績は、HCの腕前だけでどうにかなるものではありません。来季の選手契約は、一体どうなっているんですかね。何度も言いますが、このチームにはプロのマネジメントと、お金が必要。プロ選手の獲得には、プロの契約交渉と、お金が必要なのは当然でしょう。

日本代表はジェイミー・ジョセフが新ＨＣとして始動したようですね。彼とも個人的にもつき合いがあり、私が日本に行ったときに、一緒にコーヒーを飲みながら話しました。スーパーラグビーでの実績もありますし、素晴らしいＨＣです。

ただ、日本ラグビー協会が代表チームをいかにサポートしていくかがカギです。協会と一体となって、新しい才能を発掘、開花させていかなければなりません。秋のテストマッチでアルゼンチン、ウエールズと試合を組めたことは素晴らしい成果。5年前には考えられなかったことです。

日本ラグビーの問題として、代表に関わるトップレベルの選手やコーチで、英語を流暢に話せる人が非常に少ないという点があります。選手でもコーチでも、外国に行って違うラグビーを経験するのは有益なことですが、外国語が話せないとなると難しくなります。

先日、サッカー日本代表の吉田（麻也／イングランドプレミアリーグ、サウサンプトン所属）に会ってきましたが、チームメイトとの英語でのコミュニケーションもまったく問題ないようです。サッカーでは海外へ行き、現地の言葉を話して立派にやっている日本人選手がたくさんいますが、ラグビーではあまりいませんね。

ここにも、日本ラグビーの大きな改善の余地があります。英語が話せないのなら、話せるようになるよう、学べばいいだけの話です。

代表指揮官はチームを勝たせるためにいる。

2016年12月号

秋のテストマッチシリーズ（イングランドは11月12日からホームのトゥイッケナムで、南アフリカ、フィジー、アルゼンチン、オーストラリアと対戦）に向けた準備の大詰めを迎えています。初戦の相手、南アフリカには2006年を最後に勝っておらず、この試合に勝つことには大きな意味がある。彼らは常に世界3、4位以内に位置する強敵。しかし、世界一を目指している以上は勝って当然と考えるべきです。

南アフリカは昨年のワールドカップ後に長年主力を務めた選手たちの多くが代表レベルから引退し、合計で600キャップ程度の経験を失ったばかりです。先日のオールブラックス戦での大敗に見られるように（10月8日／ラグビーチャンピオンシップでオールブラックスに15―57）、まだ新しい戦い方を模索している段階。こうした世代交代には時間が必要です。

オールブラックスもワールドカップ後の主力選手の引退で、数百キャップ単位の経験を失いましたが、彼らは例外です。オールブラックスは、ほかの誰もできないことをやれる唯一のチーム。だから彼らは世界一なのです。また、アルゼンチンは非常にいいチームで、ラグビーチャンピオンシップではオールブラックスに次いで二番手のチームだと感じました。とはいえ、今からプーマス戦に向けての細かい作戦を考えたりはしません。とにかく初戦で南アフリカを倒す。2戦目以降のことを考えるのはそれからで十分です。

先日行った代表合宿では、五輪イギリス代表の柔道のコーチを呼び、選手たちに新しい技術を学ばせました。この練習でケガ人が出てしまったのは残念ですが（FLサム・ジョーンズが柔道トレーニング中に腓骨を骨折）、柔道からはラグビーのディフェンスに活かせる技術を学びました。6月のオーストラリア遠征では、3試合中2試合で約40点の失点があった。これではダメです。

柔道の技術からは、ボールキャリアーをいかに「つらい状況に追い込むか」を学べます。これはラグビーのディフェンスにおいて重要な要素。ほかにも自転車競技と女子ホッケーチームのイギリス代表コーチ陣との交流を持ちました。非常に有意義なものでした。特に女子ホッケーチームのスポーツ心理学者からは、チームの実力を最大限に発揮するための選手の管理方法について学びました。

私が日本代表のHCを務めていた際も、荒木香織メンタルコーチの貢献は大きかった。もちろんイングランド代表にもメンタルコーチはいます。どんなスポーツでも、肉体面、戦術・戦略面、そして精神面での技術がすべて揃っていなければいけません。スポーツ心理学者やメンタルコーチと呼ばれるプロフェッショナルをチームに置くことは、現在のトップスポーツに必要不可欠でしょう。

日本代表はジェイミー・ジョセフ体制が本格的にスタートし、「チームジャパン2019総HC」として、日本代表だけではなく、U20やARC（アジアラグビーチャンピオンシップ）代表の強化にも関わるそうですね。しかしこれは、大変な仕事量です。代表HCは代表を勝たせることだけに集中すべきではないでしょうか。

サンウルブズのフィロ・ティアティアHCが、日本代表選手を育てることを目標としてジョセフHCと協働していく、というのは素晴らしいことです。そもそも、サンウルブズはそのために作られたチーム。これまでこうしたチームが存在しなかったゆえ、関係者がコンセプトを理解し、実行に移すのに時間がかかったのでしょう。非常に日本的です。

だからこそ、日本人は海外へ出て、新しいことを学ぶ必要があります。将来的に日本生まれの日本人を代表HCにしたいのなら、協会主導でHC候補となる人材を3、4人選び、海外へ送って経験を積ませるのです。日本でのラグビーの指導法と、テストマッチに勝つためのラグビーの指導法はまったく別物。そういうことは、他国での経験を積むことによって、学んでいくものです。

オールブラックスをワールドカップ優勝に導いたグレアム・ヘンリーHCやスティーヴ・ハンセンHCは、過去にウエールズで指揮を執っています。彼らは、南半球と北半球のラグビーの違いをしっかりと理解した上で、オールブラックスのHCになった。日本人も1、2週間の体験のために行くのではなく、最低でも半年、本気でラグビー指導者としての仕事をしに行くのです。そうした経験を積まなければ、テストマッチに勝つラグビーの指導者にはなれません。

この海外経験の話は、チームのマネジメントにも言えることです。例えばラグビー協会でもクラブでも、CEOというポジションには、ラグビービジネスをキチンと理解した人が就くべきです。マネジメント陣の構成を考え、それぞれの分野のプロを連れてくる。必要な設備投資と、そのための資金繰り。そうした能力はかつての選手としての実力とは無関係で、元名選手だからといって、チーム運営の要職に就くというのはおかしな話です。

大学、企業ラグビーを中心に発展してきた日本ラグビー界にはあまりなじまない考えかも知れません。だからこそ海外へ出て、学ぶ必要があるのです。

黒星なしの1年も、秋のテストシリーズは6割の出来。

2017年2月号

イングランド代表HCとしての初年度は、13連勝といういい形で締めくくることができました。当然ですが、勝因は選手です。イングランドには非常に才能のある選手が揃っている。そして、イングランドのラグビーマンたちが信じるスタイルというものを、代表チームとして築き始めたことも大きな勝因のひとつです。

フィットネスもだいぶ上がってきていますが、特にフィットネス向上を意識したトレーニングをしているというわけではありません。普段の練習を、より厳しく、よりキツく、よりつらくしているだけです。フィットネスは、これからまだまだ伸びます。

秋のテストシリーズでは負傷者が続出しましたが、そのおかげで新しい選手をたくさん発掘することができました。イングランドの素晴らしいところは、非常に厚い選手層を持っていること。誰かがケガをすれば、次から次へと新しい選手が出てきます。この層の厚さは、イングランド・ラグビーの資産です。しばらく代表を離れていた選手たちも、よく頑張ってくれた。私は、代表を外れている選手たちとも極力コミュニケーションをとるようにしています。国の代表を預かる身として、選手たちとのコミュニケーションは非常に大切にしなければなりません。ＨＣだけではなく、協会の役員も含めてです。スポーツとは、選手があってこそ成り立つ。協会の役員が偉ぶった態度で、選手とのコミュニケーションを怠っているようではダメです。

イングランド代表の秋のテストシリーズを総括すると、10点満点でせいぜい6点ですね。完璧なラグビーなんてものは存在しない。10点満点で10点を取ることなんてあり得ませんが、２０１９年には9点を取れるように日々鍛錬に励んでいます。今現在のチームで改善の余地がある部分はセットプレーです。スクラムとラインアウト。ここで常に安定して勝つ必要がある。それから、「３人ラック」を極める必要があります。１人目がボールを持ってブチかまし、2人目と3人目でラックが完了。今のイングランド代表の「３人ラック」率は38パーセント。これに対しオールブラックスは58パーセント。最小限の人数で、いかに綺麗なボールをラックから出すか。これが大事です。現状ではラックに人数をかけすぎています。まだまだ改善の余地があります。

この秋のテスト・シリーズでは、アイルランドがオールブラックス、オーストラリアを破る活躍を見せ、世界ランキング4位までランクを上げています。しかし、来年2月に開幕するシックスネーションズへ向けて特に警戒しているということはありません。一番警戒している相手はフランスです。なぜか。（シックスネーションズでの）初戦の相手だからです。連戦を戦うテストマッチでは初戦がもっとも大切。秋のテストシリーズでも、初戦の南アフリカ戦を一番大事な試合と位置づけていました。とにかく初戦の相手を叩き潰すことに集中し、2戦目以降はその後で準備していくのが私のスタイルです。

日本代表のテストシリーズですが、フィジー戦は特に出来が悪かったですね。精神面で、あまりよろしくないように見えました。シリーズを通じ、キックを多用した戦術でしたね。これがジェイミー・ジョセフHCの意図なのでしょうが、私がHCをしていた頃はキックは極力控えさせていました。背の低い日本人はボールを競りにいく空中戦で不利ですし、蹴ったあとのディフェンスにも難があったからです。

サンウルブズは発表された36人のうちの25人が、秋のテストシリーズでの代表メンバーだったそうですね。ようやく本来の（存在）意義に基づいて動き始めたようですね。ただFW陣は昨年より強力になったように見えますが、BK陣は弱いように感じます。CTBが2人しかいないのに対してSHが5人というのにも疑問が残ります。

CEOをはじめとし、クラブのマネジメントが一新されたというのはよいニュースです。外資系金融機関出身者がクラブのマネジメントに多く加わっているそうですが、これもいいことです。サンウルブズには、プロフェッショナルな組織のマネジメントが必要ですし、プロスポーツチームである以上、資金も十分に確保しなければなりません。新しいマネジメント陣には期待しています。選手の顔ぶれを見る限りまだまだスーパーラグビーのチームを相手にするには苦戦するでしょうが、少なくとも代表チーム強化のためのクラブであるという本来の意義は満たしているように見えます。

私のバックグラウンドなどもあり、先日、英国のオリンピック委員会から、東京五輪へ向けた英国代表チーム強化へのアドバイスを求められました。もちろんこちらもいろいろな話を聞くことができましたし、有意義な情報交換でした。

常に他者から学び続けるのが、私のＨＣ哲学。これからも、学び続けていきます。

何のために戦うのか。それは2年目も変わらない。

2017年3月号

イングランド代表HCとして、最初の1年間をいい形で終えることができました。成功要因は何かと聞かれれば、選手の才能。これに尽きます。

私がHCに就任した頃は、選手たちがどういうラグビーをプレーすればいいのか、やや混乱した状態でした。だから私は、イングランドのラグビーとは何か、どういうプレーをして試合に勝つかを明確に選手たちに伝えました。そして最後は、選手たちの力です。

技術的な話をすれば、まずはスクラムとラインアウトをキッチリと固める。次に、フィットネスを鍛える。そして選手たちに責任を持たせ、判断力をつけさせる。この3つが、技術的に大きな勝因でした。

選手たちの混乱の原因が何だったかと言えば、イングランド代表の戦略には、ほかのチームのコピー戦略という要素がありました。特にオールブラックスの戦略や戦術をコピーする傾向があった。オールブラックスの戦い方ができるチームは世界にひとつだけなのに。それは、オールブラックスです。

ところが、世界のラグビーを見てみると、オールブラックスのラグビーをコピーしようとするチームが山ほどあります。それではいけない。イングランド・ラグビーのプレースタイルを持ちながら、たまにオールブラックスを真似ようとしてもうまくいきません。だから私は、自分たちのスタイルが何かを明確にした。それが私のHCとしての最初の仕事でした。

そのスタイルが何かと言えばプレッシャーラグビーです。アタック、ディフェンスともに常に相手に激しいプレッシャーをかけ続ける。それがイングランド代表のラグビーです。プレミアシップ各クラブのHCたちとのコミュニケーションを密にするのも、私の代表HCとしての大きな仕事のひとつでした。ここ数年プレミアシップを支配し、代表選手も数多く輩出しているのはサラセンズですが、だからといってサラセンズのHCだけに迎合することなどあり得ません。プレミアシップのどのHCとも平等に、年に3、4回は会っています。

例えばサラセンズが一番多くの代表選手を輩出していますが、このチームとイングランド代表のプレースタイルはまったく違います。サラセンズの選手を多く代表に呼んでいるからといって、代表のプレースタイルがサラセンズのスタイルになることはありません。代表は代表。当然です。

私がイングランドの代表HCに就任する前、イングランドには本物のオープンサイドFLなどいなかった。そういう話をしたことがあります。私がHCに就任してからは主にジェームズ・ハスケルを7番に起用し、彼がケガをしているときはトム・ウッドに任せるという形で固定してきました。しかし、だからといって彼らが本物の7番かといえば、そんなことはありません。2人とも6番か8番のどちらかでしょう。

それでもいいのです。本物の7番がいなければ、力強い6番を2人フランカーに入れればいいだけのこと。オープンサイド、ブラインドサイドではなく、右か左かでやればいいのです。テストマッチレベルで本物の7番になれる選手など、なかなかいません。このレベルでの本物の7番の名前を挙げるとすれば、ジョージ・スミス（元オーストラリア代表／サントリー所属）、リッチー・マコウ（元ニュージーランド代表／引退）、デービッド・ポーコック（オーストラリア代表／パナソニック・ワイルドナイツ）あたりですかね。彼らは皆、寝技の達人です。日本代表にも、本物の7番などいませんでした。リーチ マイケル。ツイ ヘンドリック。両者とも6番か8番。本物の7番がいないなら、7番なしでチームを組めばいいのです。

今はシックスネーションズに向けて、日々鍛錬に励んでいます。テストマッチは初戦がもっとも大事。毎日、フランスをどうやって叩き潰すかを考えています。

昨秋のテストシリーズでオールブラックスを破ったアウェーのアイルランド戦が、我々にとっての天王山だ。そう言っている声も聞こえてきますが、そんなことは関係ありません。アウェーの雰囲気など無視すればいい。世界一になるためには、世界のどこに行っても勝たなければいけない。またホームの雰囲気の中でさらに燃える気持ちを忘れてはなりません。とにかく、どこで試合をしても勝つ。これが代表HCとしての私の哲学です。

今シーズンのアイルランド代表は、特別なモチベーションで戦っています。アンソニー・フォーリーというアイルランド代表の伝説的選手で、マンスターのHCだった男が昨秋、42歳という若さで亡くなりました。その直後にシカゴで行われたアイルランド×オールブラックスで、アイルランドは勝者になった。

ラグビーというスポーツは根性論だけでは勝てませんが、だからといって精神的な要素を侮ってはいけません。精神的に特別なモチベーションを持った選手たちの力には、凄まじいものがある。

何のために戦っているのかをハッキリと理解した戦士たちは、勝つ術を知っています。当然、私も代表HCとして、何のために戦っているのかをハッキリと理解しています。

もちろん、勝つためです。

自分でコントロールできることをすべてやり切る。

2017年5月号

シックスネーションズ最終戦のアイルランド戦（3月18日）で、我々は2年連続グランドスラム（全勝優勝）という偉業を成し遂げる素晴らしいチャンスを得ました（編集部注・取材はアイルランド戦前）。新聞には毎日のように記事が載り、会う人たちは皆、その話をしてくる。選手たちには大きなプレッシャーがかかりました。

そこで大事なのは、いかにそのプレッシャーに対応するか。適切な対応をするためには、まずはプレッシャーというものを理解する必要があります。それを理解した上で言えることは、とにかく万全の準備をすることが大切だということです。

もちろん、試合は大事です。しかし、相手をコントロールすることはできません。だから試合のことなど考えずに、とにかく万全の準備をすることだけに集中する。自分たちが、大一番に向けてどれだけいい準備をできるかは、すべて自分たち次第。これを完全にコントロールできるようにする。自身でどうにかできることをキッチリやる。そうすれば、プレッシャーというものは、ある程度軽減できる。そのことを理解する必要があります。

　また、こうしたプレッシャーや緊張は、ラグビーの試合に限ったことではありません。例えば、大勢の前でプレゼンテーションをするときなど、誰でも少なからずは緊張するものでしょう。自然なことです。プレッシャーや緊張は、何か大事な場面では誰でも必ず直面するもので、完全に消し去ることなどできません。

　ただ、こうした精神状態にいかにうまく対応できるかは、何をするにしても実力の一部。自分でコントロールできることをしっかりとやり切り、最大限のパフォーマンスを発揮できるよう整える。選手たちにはこうした話をしながら、大一番に向けて過ごしました。

　今大会、アイルランド戦前までの4試合を振り返ってみると、最初の3試合は前半の立ち上がりにやや問題がありました。初戦のフランス戦は、準備期間中に短期的なフランス戦の対策だけでなく、2019年のワールドカップに向けた長期戦略の確認に時間を割いた結果かもしれません。2戦目のウエールズ戦はそれなりにいい立ち上がりでしたが、それを得点に繋げるところがうまくいかなかった。3戦目のイタリア戦については…あんなものは、ラグビーの試合とは言えません（イタリアはタックル後にラックに参加せず、オフサイドラインを形成しないという奇襲作戦をとり、イングランドの選手をはじめ、多くの観衆を困惑させた）。4戦目のスコットランド戦の前には2週間のブレークがあり、ここでディフェンスの激しさを上げる練習に取り組みました。スコットランドは、ここまでいいアタックを見せていたので、ディフェンスの強化は必須でした。特に、フィン・ラッセル（SO）、スチュアート・ホッグ（FB）に仕事をさせないための準備を行い、いい形で試合を進めることができました。

アイルランドについては、フェーズを重ね、クレバーな試合をするチームという印象がありました。かつてスーパーラグビーのブランビーズがやっていたような、セットプレーからの最初の3フェーズで段階的に相手を崩していく、非常に組織立ったプレーを見せています。

ディフェンスは、我々と似たシステムですね。コナー・マレー（SH）のボックスキックには要注意ですが、うちのマイク・ブラウン（FB）の空中戦での強さには自信を持っています。2011年のシックスネーションズでは、イングランドがグランドスラムの懸かった最終戦でアイルランドに敗れましたが、その試合から学んだことは確かにあります。精神的にも肉体的にも激しい試合となるでしょうが、自分たちのゲームプランをキッチリと実行に移すのみです。

日本代表は現在世界11位にランクされていますが、まあ現状の実力を反映していると言えるでしょう。6月にはルーマニア、アイルランドを相手に日本での試合が予定されていますが、ルーマニアには順当に勝ち、アイルランド相手にもチャンスがあるのではないでしょうか。ブリティッシュ&アイリッシュ・ライオンズで主力を欠いたアイルランドを相手に、ホームでの対戦。2013年に同じような条件でウエールズを破りました。今回のアイルランド戦も勝ちにいくべきでしょう。

サンウルブズの試合も観ましたが、(開幕からの)3試合で160失点というのは酷い結果です。明らかにディフェンスに問題を抱えています。経験の浅い選手が多く、コーチ陣も大変でしょうが、選手たち一人ひとりが、正しい精神姿勢でディフェンスに取り組まなければ、試合には勝てません。

チーム運営の面でも、まだ課題があると聞きます。対して、イングランドにはプロスポーツ文化というものが根づいており、協会のビジネス面での運営も非常にうまく行っています。ラグビーに限らず、スポーツビジネス全般の運営について、日本が学べることは多くあると思います。

5月に京都で行われる2019年ワールドカップの抽選会には、私も行く予定です。日本に行く機会を楽しみにしています。

来秋、日本と戦うかもしれません。

2017年7月号

2019年の日本でのワールドカップは、私にとって4度目の大会になります。イングランドは、いい予選グループ（プールC）に入ったと思っています。

ワールドカップは7試合を戦うトーナメント。北半球の国は大会直前の時期にテストマッチがないので、予選でタフな相手と試合をしていくのは大事なことです。イングランドは、予選で同グループとなったアルゼンチンと今年は3試合が組まれていますが、ワールドカップでの対戦とはまったく別物です。

今年はブリティッシュ&アイリッシュ・ライオンズ遠征の年。夏のアルゼンチン戦は、本来代表にいるべき20人近くの選手がいない状態での対戦となります。この選手たちは本番のワールドカップでは代表チームにいるわけですから、イングランドは別のチームで対戦することになる。それに夏の遠征ではアルゼンチンのホームで、秋のテストシリーズではイングランドでの対戦です。そしてワールドカップでは日本での対戦。条件はまったく違う。繰り返しますが別物ですね。

ほかの組の抽選結果も見ていますが、どの組にどの国が入っているかとか、どの国が予選を突破してくるかとかいう話には興味がありません。我々の予選突破後の対戦相手がどこになるかという意味では関係してきますが、これは完全に私のコントロール外のこと。とにかく我々は予選突破のために万全の準備を行い、その後はどこが出てきても勝つだけのことです。本番まであと2年。キッチリと準備をして、戦いに挑みます。

日本はこの夏のテストシリーズでアイルランドとの試合を2試合組んでいますが、これもワールドカップでの対戦とは大きく違う。ライオンズ遠征で主力が抜けたチームが来るわけですから、これはアイルランドBチームです。ワールドカップで戦うチームとは別です。まあ試合に勝てば自信に繋がり、信念が生まれ、そしてより真摯に鍛錬に励むことに繋がるので、これはいいことです。

しかし、ここでBチームに負けるようであれば、本番でどうやってAチームに勝つんだ、ということにもなってしまいます。ルーマニアとの試合も同じ。今年の夏のテストシリーズで戦っても、本番とは違います。それだけワールドカップとは特別なものであることを理解しなければいけません。

日本は今秋、オーストラリア、フランスとの試合を組んでいますね。もちろん勝つのがベスト。選手たちは、少なくとも成長しているところを見せなければいけない。新しい選手が出てきているということがわかれば、ジェイミー・ジョセフHCもハッピーでしょう。最近出てきている選手の中では茂野（海人／SH）が目につきました。

日本はワールドカップで、アイルランド、スコットランドと、セットプレーに強い欧州のチームと戦うことになりますが、キッチリと強化すべき部分を強くして頑張ってほしいですね。プールマッチが行われる9月の日本は湿気が多く、キックを多用したゲーム展開になり、セットプレーが多くなる可能性が高い。ですが、日本人は体が小さく、力が弱いからスクラムでは勝てないとか、そういう言い訳は聞きたくない。そんなことを言っていては、昔の日本ラグビーに戻ってしまいます。

前回のワールドカップでは、日本は素晴らしいスクラムを組んでいた。体が小さくても、やるべきことをキッチリとやり、徹底的に鍛え上げれば強くなるのです。大会直前になって素晴らしい選手が出てくる可能性だってあります。前回のワールドカップで言えば、大会直前で代表入りしたオールブラックスのネヘ・ミルナースカッダー（WTB）がいい例です。代表チームというものは、常にドアを開けておくべきものです。代表として活躍する実力がある選手は、いつでも呼ばれるべきです。

日本でのワールドカップに向けて、私たちイングランド代表のマネージメント陣は、着々と準備を進めています。まだ時期は確定していませんが、来年には代表のトレーニングキャンプを日本で行いたい。現実的には6月、7月の蒸し暑い時期になるかもしれませんが、もしそうなれば最高です。選手たちに日本の蒸し暑い気候を経験させる絶好の機会です。

ワールドカップの試合会場と日程がまだ決まっていないので何とも言えませんが、大会前のキャンプ地は宮崎にできたらいいと思っています。私自身なじみもありますし、素晴らしい環境が整っています。

これもまだ正式には確定していませんが、来年の秋のテストシリーズでは、イングランドで日本と対戦する機会があるかもしれません。日本という国は世界から敬意を受けている国ですし、我々のチームとの対戦も、こちらで歓迎されるでしょう。それに、選手たちにちょっと違ったタイプの相手と対戦させるという意味でもいい経験になります。

今年のシックスネーションズで、イタリアが奇をてらった手法で挑んできたため、選手たちが動揺したという経験もあります。普段戦う相手とはタイプの違う相手との対戦は貴重です。日本代表との対戦が実現するなら、楽しみに準備を進めます。

選手のメンタリティの理解は、ヘッドコーチの仕事。

2017年9月号

今シーズンの締めくくりであるアルゼンチン遠征は、若手中心のメンバーで挑みながらも2試合続けて後半で逆転しての勝利。選手たちは精神面での強さもそうですが、肉体的なフィットネスでもいいものを見せてくれました。

試合の最後の20分間を支配しての勝利は、強靭なフィットネスなしには実現し得ない。シックネーションズでも、後半20分以降に試合を支配しての逆転勝利を何度か挙げていますが、イングランド代表にはこうした「勝ち癖」が育ってきているように見えます。若手中心で挑んだアルゼンチン遠征メンバーにもこうしたキャラクターが見て取れるのは、いいことだと考えています。

この遠征で初めて代表入りした選手も多くいますが、いい活躍を見せた選手もいれば、そうではない選手もいました。しかし、テストマッチレベルの選手になるには、基本的に12か月程度の時間がかかるもの。それを考慮しながら、今後も若手選手たちを見ていくつもりです。またアルゼンチン遠征には若手だけでなく、代表の主力選手たちも数人参加していますが、彼らも十分いい活躍を見せてくれました。秋のテストシリーズに向けて選手たちの入れ替わりもあるかもしれませんが、代表チームというのはそういうものです。

ブリティッシュ&アイリッシュ・ライオンズ遠征の試合も観ましたが、ここでのパフォーマンスがイングランド代表の選考に影響するということはありません。違うチームで違うラグビーをプレーしてのパフォーマンスですから。ゲームの中でいい動きをしているかどうかというのは目に入りますが、基本的にはライオンズでのパフォーマンスは、イングランド代表選考の材料にはしません。

対戦相手のオールブラックスは何人か中心選手を欠いていましたが、それでも世界ナンバーワンの実力は変わりません。この時期、私も個人的にニュージーランドを訪れ、スティーヴ・ハンセンHCと会って話しました。彼とは昔からの知り合いですし、久しぶりに会い、今後の世界のラグビーの行く末や、ゲームを健全な状態に保っていくためにはどうすべきかなど、いろんなことについて意見交換をしました。

彼も私も、代表チームのHC。同業者同士、いい関係を保っていくのは、当然のこと。対戦相手に対して常に敬意を表するラグビーというスポーツにおいて、これは基本中の基本です。

秋のテストシリーズに向けて、オフ明けには再び選手たちをじっくりと見ていきます。

すべては2年後のワールドカップのため。個人個人に違った課題があり、違った指導をしていく必要があります。ワールドカップで勝つためにはチームにとって何が最適か。そういった軸を持って日々準備に励んでいます。

代表チームのHCという仕事は、4年サイクルのプロジェクト。今は2年目のシーズンを終え、ちょうど前半が終了したところです。振り返ってみると、この2年はとてもポジティブだと言えるでしょう（イングランド代表はエディー・ジョーンズHC就任以来19勝1敗）。連勝記録やプレースタイルなど、うまくいっている点は確かにいくつかあります。しかし、現状に満足などしていません。まだまだ改善の余地はある。

先日、サンウルブズが秩父宮でブルーズを破ったそうですね。サンウルブズの健闘は称えますが、後半サンウルブズが34得点、ブルーズの得点がゼロという結果を見れば、この時期の日本の暑さと高湿度のコンディションの影響は否定できないでしょう。特に、ニュージーランドは現在冬ですから。

我々も来年の夏には、2019年の日本でのワールドカップに向け、高温多湿な場所でキャンプを行う予定です。日本で行う可能性もありますが、同じような気候の地域であれば、必ずしも日本である必要はありません。私自身は7月8日に開催したコーチングクリニックのために訪日したり、定期的に日本を訪れていますが、スタッフたちは日本の夏を知りませんから、それを経験させる必要があるでしょう。

日本代表はこの夏、アイルランド相手に2敗という結果に終わっていますが、ジェイミー・ジョセフHCは厳しいタスクに取り組んでいる最中です。チームを再建している時期は、なかなか結果がついてこないもの。また、選手たちのメンタリティの理解という点も大切です。

日本代表に限らず、HCは選手たちのメンタリティを理解した上でチームを指導していくもの。いきなりチームに参加し、すべてのメンバーのことを理解できる人間などいません。これは時間のかかる仕事です。

私も1年半前にイングランド代表のHCに就任した際、選手及びイングランド代表、ラグビー関係者のメンタリティを理解することが最初のタスクだと考えました。これまでの期間で、確かに理解は深まってはきましたが、まだまだこれからです。

選手たちには常に向上し続けることを要求しているわけですから、私も常に向上し続けていかなければなりません。それは、チームに関わる人間のメンタリティを理解することも同様です。

束の間の休暇は、学びの絶好の機会。

2017年10月号

この夏、選手たちが束の間の休暇をとっている頃、私は昨年に続きツール・ド・フランスを訪れました。もちろん、自転車競技からラグビーに活かせるものを学ぶためです。

持久力トレーニングとリカバリーについては昨年も見ましたが、今年はさらに掘り下げ、選手がいかに肉体的、そして精神的な苦痛に耐えるかを見に行きました。9日間を戦い抜く大会は、心身ともに相当タフ。自転車競技の選手たちには、本当に感服します。

またほかの（イングランド代表）コーチ陣は、フィールドホッケー、ボブスレーのチームを訪れました。昨年のリオ五輪で金メダルに輝いたフィールドホッケーチームとは、その後に勉強会へ行った縁もあり、いい協働関係を保っています。試合中の状況判断などについて学んだという報告を受けています。ボブスレーについては、下半身強化についてS&Cコーチ陣が学びに行きました。

以前から話していますが、ほかのスポーツから学ぶことは私のコーチング哲学の大きな礎。変わったところでは、F1チームにデータ解析とその応用について学びに行きました。

忙しくてまだ実現していませんが、アメリカンフットボールチームもいつか訪れたい。
またこの夏は、ワールドカップの準備関連の視察で日本にも行きました。我々の試合会場はまだ決定していませんが、目星をつけて、宮崎のキャンプ地、東京、横浜、神戸、静岡の競技場を見てきました。もう戦いは始まっています。日本での具体的な時間の使い方などもいろいろと考えています。

イングランド代表は、8月上旬に3日間の短期合宿を行いました。大きな目的は、代表が目指すラグビーの概要と、どうすれば代表チームに入り、定着していけるかの説明。最年少の合宿参加者は、マルクス・スミスという18歳の高校生。才能溢れる選手で、〝若き日のジョージ・フォード（イングランド代表SO）〟という感じです。そうは言っても、ジョージもまだ24歳ですが。

実は、私はマルクスの名づけ親と友人で、彼とは家族ぐるみのつき合いがあります。彼のプレーを初めて見たのはまだ15歳のときで、明らかに才能を感じました。しかし、才能のある選手などいくらでもいる。才能の上にどれだけのものを積み重ねていけるか。それが本当の勝負です。

現在の代表チームの状況ですが、ワールドカップへ行くメンバーは80パーセント程度は固まったというところでしょうか。大会直前に突然出てくる若手選手もいますし、常に新しいメンバーを招集する余地は残していきますが、選手層の構築は順調です。現在のチームの最年少層はワールドラグビーU20チャンピオンシップで昨年優勝したメンバーであったり、高校卒業後すぐにトップクラブとのプロ契約を結んだ選手など、エリートタイプが多い。ですが、誰もがハングリー精神に溢れている。いくら才能があってもハングリー精神に欠ける選手は、私の代表チームには呼びません。当然です。

今秋のテストシリーズは、アルゼンチン、オーストラリア、サモアと対戦します。テストマッチは毎試合全力で勝ちにいくのは当然ですが、２０１９年に最高の状態で挑むために、休養が必要な選手を休ませるなどの考慮はします。勝ち癖をつけることは非常に大事で、毎試合ベストメンバーで勝ちにいきますが、あくまで一番大事なのはワールドカップでの優勝。バランスをとりつつ、必要な成果を挙げるために最善の準備をすることが私の仕事です。

話は変わりますが、今秋の日本代表のオーストラリア戦、フランス戦は、厳しいでしょうね。夏のアイルランド2連戦を含め、1年間で4試合もティア1国とのテストマッチを組めている状況自体は、素晴らしいことです。

トップリーグには新たな大物外国人選手が加入していますが、バランスさえ保てば、日本ラグビーのレベルアップに繋がる。いいことです。ただ間違えると、こうした外国人選手が日本人若手選手の出場機会を奪うわけですから、よくありません。外国人コーチにしても、バランスというものは非常に大事です。ここで言うバランスとは、日本にはない考え方などを（外国人選手を通して）教えていくことと、（外国人選手自身が）日本独特の考え方を理解し、かつ活かしていくことのバランスです。

この「日本独特の考え方」というものには、私は経験上非常に強い思いを持っています。日本に来る外国人コーチたちも、是非とも学ぶ価値がある。

例えば、「我慢」という考え方。ひとつの大きな目標を達成するためには、どんなことでも我慢する。私が日本代表のHCの仕事をオファーされたとき、日本人の価値観をさらに深く理解しようと、ある関係者に侍に関する研究レポートをまとめるよう依頼しました。大きなポイントは3つ。忠誠心、勤勉さ、規律。この要素は、現代の日本社会において、随所に見ることができます。私の日本代表の指導法はこうした価値観に基づき、技術的には、忍者の如く機敏な肉体と、一撃必殺の機会を見抜く侍の目を養う、というコンセプトを持っていました。

日本にやって来る外国人選手やHCたちも、せっかく日本へ来たのだから、教えるだけではなく、学ぶことも忘れてはなりません。常に学び続ける姿勢こそ、勝者への最善の道です。

選手視察。ダルマゾ招聘。2年後の準備、着々と。

2017年12月号

ワールドカップまであと2年。日本ラグビーに世界の目が向けられる中、私は着々と準備を進めます。

プレミアシップ及び欧州チャンピオンズカップで選手たちが毎週熱い戦いを繰り広げています。私は毎週、直接試合会場に足を運び、選手たちの動きを見ています。試合をテレビで観るのと、その場で見るのでは大きな違いがあります。大抵、直接プレーを見たい選手が4、5人頭にあり、その選手たちがプレーする試合会場に足を運んでいます。ケガ人が出て、当落線上にいる選手が代表チームにとって重要な選手になることもある。選手がケガをして喜ぶことなどありませんが、ファーストチョイスの選手がケガをしたときは新しい選手が出場機会を得る。これは選手層を厚くするチャンスです。

今年のプレミアシップは例年以上に競った戦いになっていますが、サラセンズが相変わらず首位を走り、エクセターがそれに迫る。その下に中間チームが幾つかあり、さらに下位グループが続く。こうして見れば、プレミアシップも、世界によくあるリーグと同じような状況（実力差でいくつかのグループに分かれている状況）ですが、国内リーグが盛り上がることは歓迎すべきです。イングランドはいい国内リーグに恵まれていると言えるでしょう。

基本的に、私は40数人の選手たちと電話などで直接コンタクトをとっていますが、これに入らない選手たちとも、たまに電話で話します。今は代表スコッドに入っていない選手も、状況によっては、いつ必要な選手になるかわかりません。

私が代表HCに就任してから、FBには主にマイク・ブラウンを起用し、あまりほかの選手をこのポジションで起用していませんが、ポジションの性質上そういうものだと考えています。日本代表でもゴロー（五郎丸歩）をずっとFBで使っていましたが、このポジションには、常に安定したプレーをする選手を使い続けます。代表チームのFBは、10点満点で7点以上のプレーをする選手を使うべきで、ブラウンもゴローもそうしたタイプの選手です。正FBがケガをすると2番手がいないと心配する人もいるかもしれませんが、今のイングランド代表ではFBもカバーできる選手がほかのポジションで数人おり、心配無用です。

イングランドのメディアでは、18歳で代表スコッド入りしたマーカス・スミス（SO）の話題をよく目にしますが、若いうちにこのレベルに達した選手たちは、常にこうしたプレッシャーに晒されるものです。私がサラセンズのHCをしていたとき、当時16歳のオーウェン・ファレル（現イングランド代表SO／CTB）をトップチームでデビューさせましたが、このときも大きな話題になりました。もちろん、クラブや代表チームがいろいろと面倒を見ていますが、こうしたプレッシャーをいかに扱うかも、一流アスリートとしての能力の一部です。

秋のテストシリーズに向け、日本代表でも一緒に仕事をした、マルク・ダルマゾをスクラムのスポットコーチとして招聘する予定です。彼に期待する仕事は非常に限られた部分ですが、その分野で、彼は誰も気づかないような細部に気づき、非常にいい仕事をする。彼はフランス語しか話せず、通訳を介さずに私が彼と直接言葉を交わすのは挨拶ぐらいですが、お互いに非常によく理解し合える仲です。彼はイングランド代表が何を必要としているかをしっかりと理解した上で、仕事をしに来ます。

ワールドカップまで2年を切り、いろいろな面で準備を進めています。特に、日本での物事の運び方や文化的な面に慣れるため、スタッフは可能な限り頻繁に日本を訪れています。選手にも「日本」という国に慣れてもらいたい。そのため、日本人スポーツ選手と交流を持たせるという案も考えています。英語が流暢に話せ、イングランドでプレーするサッカーの吉田麻也選手（サウサンプトン）などに来てもらえたらいいですね。

日本のラグビーに対する世界の注目は、これからますます高まっていきます。先日、ワールドラグビーが日本のワールドカップへの準備のスピードに懸念を示したニュースが話題になりましたが、私は、日本人はこうした大事な場面では、最後はキッチリと仕事を完了させると思っています。私自身、日本で生活した経験もありますし、ときに物事が進むのに時間がかかる社会であることはわかっています。日本人には日本人のやり方があり、ワールドラグビーはそれを変えてほしいという要望があるように見えますが、最終的には万事うまくいくでしょう。

トップリーグは、16チームという非常に多いチーム数で運営されています。フランスはTOP14の14チーム、イングランドはプレミアシップの12チーム、オーストラリアは4チーム、ニュージーランドは5チームから代表選手を選んでいます。代表選手を選ぶチームが16チームもあるというのは、難しい状況なのではないでしょうか。トップリーグには当然彼らの考えがあるのは理解しますが。

日本ラグビー全体のバランスを保つため、トップリーグの貢献というものは必要でしょう。しかし、簡単な話ではありませんが、さらなる発展のためには、変えていかないといけないこともある。各ステークホルダー（利害関係者）が、国全体のラグビーを見た正しい決断をして欲しいですね。

「断ることができないオファー」でイングランド代表ヘッドコーチに

2015年ワールドカップでの屈辱的な結果を受け、イングランドラグビー界は大きな変化を必要とした。RFU（イングランドラグビー協会）が代表新HCとして白羽の矢を立てたのは、同ワールドカップで日本代表を率いた稀代の名将、エディー・ジョーンズだった。この大会では、世界中のラグビーファンたちを驚かせる結果を残した。保守的と言われているRFUだが、史上初となる外国人HCに仕事を任せるという決断を下した。当時のイングランドラグビー界は、そこまで切羽詰まった状況にあった。

ラグビー協会の予算規模が世界一と言われているイングランド。代表HCの年俸は1億円を超え、チームの強化予算だけでなく、競技人口でも世界最高レベルを誇るラグビー大国だ。12チームで構成されるプレミアリーグは僅差の試合が多く、順位の上下動が激しい、充実した国内リーグだ。代表チームは、この激しい競争から選ばれた、厚い選手層に支えられている。年代別代表チームにも国内のトップコーチや素晴らしい練習環境が与えられ、そこからフル代表に期待の若手が送り込まれるプロセスが古くから確立されている。

これだけのリソースを使ってチームの強化ができるイングランド代表HCの仕事は、名将にとって「断ることができないオファー」だったそうだ。日本代表での仕事を終えたあと、ストーマーズのHCとして新しい仕事を始めていた。だが、南アフリカ・ケープタウンの自宅まで来たRFUのCEO、イアン・リッチーに口説かれる形でこの仕事を始めることになった。ちなみに、このとき、RFUがストーマーズに支払った賠償金は2000万円弱だったそうだ。だが、そんなことよりも、誠意を持って素直に自分の気持ちを語った人間・エディーとストーマーズの経営陣が良好な関係にあったからこそ、実現した移籍だったのだろう。

国内の選手層や代表チーム強化予算などのリソースだけでなく、当時の代表選手たちの個々のレベルも、大きな魅力だったそうだ。地元開催だったワールドカップで惨敗に終わった前任代表HC、スチュアート・ランカスターには敬意の言葉を述べており、「スチュアートがいい仕事をしてくれたおかげで、私はいい仕事を始めることができる」とコメント。もちろん、新任代表HCとして正しいコメントを述べていたのは間違いないが、ただのリップサービスだけでなかったのは確かだ。競技人口の多さ、国内プロクラブの数などはイングランドの強みであるが、トップレベルの才能を代表に呼んでも、育てることができなければ、何の意味もない。選手の才能を見抜く前HCの目に感謝し、代表メンバーに大きな変更を加えることなく、就任後最初のシックスネーションズで全勝優勝という結果を残した。「ちょっとした変化を与えれば、素晴らしい結果を出せる可能性を持ったチームだった」とは、当時を振り返る名将の言葉だ。

優等生で調整型のキャプテンから闘将型、爆弾型のキャプテンに

よくも悪くも、歯に衣着せぬ正直な発言で知られてきたエディー・ジョーンズという人物。地元オーストラリア代表を率いた2003年のワールドカップ決勝でイングランド代表に敗れたあと、「Everyone hates England（意訳：イングランドは世界の嫌われ者）」と述べたインタビュー映像は世界中に放送された。皮肉を好むイギリス人を代表する国営放送BBCは、就任直後のTVインタビュー時にこの映像を本人に見せ、「なぜイングランドの仕事のオファーを受けたのか？」という質問をしている。もちろん、こうし

た過去の発言を苦笑いでうまくかわした名将だった。だが、現地のメディアが一筋縄ではいかないとわかっていたにしても、早速、軽いパンチをもらった気分だったのではないだろうか。

日本代表を率いて２０１５年のワールドカップに行ったときは、現地のメディアに対して、イングランド代表のオープンサイドＦＬ（７番）でキャプテンを務めていた、クリス・ロブショーをチームの弱点と指摘。「あいつはテストマッチで７番をやれるレベルの選手ではない。６番（ブラインドサイドＦＬ）で何とか使える程度の選手」と酷評していた。このときは翌年にイングランド代表ＨＣになるなど、予想もしていなかったのは間違いないが、言ってしまったものは仕方がない。代表ＨＣ就任記者会見でこのネタを振られた新ＨＣは、「クリスと会ってコーヒーでも飲みながら話すことが、代表ＨＣとして最初の仕事のひとつ」と述べた。その後、ロブショー本人から、エディーとは就任発表後すぐに会ったというコメントが報道されている。ロブショーはエディーＨＣのもとでポジションを６番に変え、その後、２０１８年まで代表に呼ばれ続けていたのだから、選手としてはある程度いい評価を受けていたのは間違いない。ただ、キャプテンとしてのリーダーシップスタイルは、エディー新ＨＣの嗜好と違ったであろう。

就任初期の仕事のひとつであるキャプテンの人選としては、所属クラブのノーザンプトン・セインツでキャプテンを務め、代表経験も十分にあるHOのディラン・ハートリーを選んだ。ただ、ハートリーは審判への暴言や危険なプレーでそれまでに何度も出場停止処分を受けているほどの暴れん坊型のリーダーだ。よく言えば情熱的、先頭に立って戦いながらチームを率いる、闘将型のキャプテン。悪く言えば、頭に血が上りやすく、感情をコントロールできない、爆弾型のキャプテン。メディア受けがよく、優等生タイプで調整型のキャプテンだったロブショーとは、明らかに違うリーダーシップをとる選手だ。

「ワールドカップでの惨敗で自身を失っているチームには、こうした闘争心溢れるリーダーが必要」というのがハートリーを指名した理由だそうだ。そして、この人選は大胆な決断を恐れないという自身のスタイルを就任早々から宣言しているかのようであった。

選手たちは絶対の信頼を置き、メディアは名将を称えた

話題の新HCの記者会見でのコメントは、メディアのヘッドラインを飾り続けた。ときには記者たちと白熱した議論を繰り広げ、ときには会見場が笑いに包まれるジョーク

を言う「エディー劇場」は、メディアを通じて多くのファンたちを楽しませた。相手の選手やHCを名指しし、あからさまな心理戦を仕掛けたこともある。メディア対応も仕事のうちでプロスポーツは注目を集めるべきという自身の考えを実行した動きだった。初の外国人代表HCということでよくも悪くも注目を集めたが、それを意図的に活かすかのような対応ぶりは、世界を渡り歩いてきた名将の真骨頂だ。

代表合宿では、それまでに比べて練習時間を短く、強度を上げるという方針で選手たちを鍛えた。試合に近い現実的な状況で、肉体的にも精神的にも試合よりもつらい練習をするという鍛え方。これは、2015年ワールドカップへ向かって日本代表を率いていたときのエディーHCの方針のひとつとして知られている。合宿での自由時間が増えたのは選手にとっていいニュースだったかもしれないが、短時間での激しい練習は負傷者が生まれるリスクを伴う。あとに、代表合宿で負傷して帰ってきた選手が所属するクラブのHCたちが、エディーHCのトレーニング手法を批判するという流れが発生した。

だが、新しいやり方で結果が早速出たこともあり、選手たちは新HCに絶対の信頼を置いた。メディアはイングランドラグビー界の救世主とでも言わんばかりに、名将を称えた。代表HC就任後2年間の戦績が23戦22勝という快進撃なのだから、当然だろう。

親しみの目は消えていなかった。日本ラグビー界の構造的問題を指摘

「ラグビーは常に進化し続けるゲームで、コーチも選手も常に新しいことを学び続けなければならない」というモットーをよく語る名将。少しでもラグビーに応用できるものがあると思えば、ほかのスポーツの指導者や様々な分野の専門家とも交流を持ってきた。サッカー界で生まれ、スポーツファンたちの間で一時話題になった、戦略的ピリオダイゼーションというトレーニング手法を自分のチームに応用しているという話にも触れていた。

また、イングランドでの仕事に集中していながらも、日本ラグビー界への親しみの目はまだまだ消えていなかった。ときに厳しい言葉で日本ラグビー界の構造的問題を指摘し、「何のためのサンウルブズなんだ?」という根本的な質問をコラムの読者を通じて日本ラグビー界に問うことがあった。また、日本代表で直接指導した畠山健介（フロップ）、アマナキ・レレィ・マフィ（NO８）がプレミアリーグのクラブに移籍しており、そのプレーぶりを現場で観ることもあった。

日本人の母とオーストラリア人の父のもとに生まれたエディーは、当然、日本に対し

て特別な感情を持っている。1994年、オーストラリアの学校教師という仕事を辞め、プロコーチとして最初に仕事をしたのは、東海大学ラグビー部。その後、日本代表のアシスタントコーチ、サントリーサンゴリアスのHCも務めるなど、日本ラグビーには昔から長いこと関わっている。ワールドカップイヤーの2015年には、外国人記者クラブから世界に向けて、日本人選手の長所と短所、日本人選手の正しい鍛え方、日本ラグビーが抱える構造的問題について、具体例を交えて的確に説明している。日本ラグビーを熟知する名将は、20歳前後のトップレベルの選手たちがトップリーグ（現在のリーグワン）ではなく、大学の世界でプレーしている問題を指摘。だが、大学ラグビーが日本ラグビー文化にとって大切なものだと知っており、「大学ラグビーが悪いと言っているのではない」とも述べている。さらにはこの構造への改善策として、大学のトップレベルでやっている選手たちを年間で合計数週間の合宿に呼び、早いうちからレベルの高いラグビーを経験させるべきという見解を説明している。日本ラグビーを愛しているからこその言葉だろう。

★★

イングランド代表HC就任から最初の2年間の実績としては、シックスネーションズ2連覇だけでなく、夏秋のテストシリーズで南アフリカ、オーストラリア、アルゼンチンという南半球の強豪を撃破したことも挙げられる。ニュージーランドとの対戦こそ組まれなかったが、「2019年ワールドカップではオールブラックスを倒して優勝する」という目標を公言し続けている。2017年末にはワールドラグビーの「コーチ・オブ・ザ・イヤー」に選ばれ、世界のトップコーチの座に輝いていた。

だが、快進撃が途切れれば、簡単に手のひらを返すのは、メディアとして当然と言える反応なのかもしれない。特に、イングランドのラグビー記者たちは、日本とは比べものにならないほど、辛辣な論調で記事を書くことが多い。快進撃としか言いようがない最初の2年間を終えたエディーHCは、その後、厳しい状況に陥るチームを率いることになる。

第二章

2018－2019

シックスネーションズ
連敗と乱調

肉を切らせて骨を断つ。敗戦から学ぶ者こそ、真の勝者。

2018年5月号

イングランドにとってのシックスネーションズとは、ほかの参加国とは、少し違った意味での大会です。なぜなら、ほかの参加国がすべて、「とにかくイングランドにだけは勝ちたい」という特別な意気込みで挑んでくるからです。

これは、イングランドが、スコットランド、ウエールズ、アイルランドなどの周辺の小さい国を支配した歴史的な背景からきています。フランスとの間にも、歴史的な因縁がある。

それに加え、ここ2年ほどは欧州ナンバーワンの戦績を挙げていたため、欧州のライバルたちは、我々を徹底的に分析するようになってきました。今年のシックスネーションズでは、欧州のライバルたちにやられた感もありますが、何にせよ、我々はとにかく向上を続けていくのみです。

今年のシックスネーションズでは、大会3連覇が途切れ、連敗までしたことで、現地のメディアは大騒ぎになっていますが、正直、私はあまり真剣には読んでいません。

イングランドのラグビーメディアの論調というのは、過剰な持ち上げか、過剰なこき下ろしばかり。実際には、これまでの我々はそんなに大騒ぎするほど素晴らしかったわけでもなく、連敗を喫したからといって、パニックに陥るような深刻な状態でもない。

ただ、トップレベルでのラグビーは変化しており、我々がその変化への対応にやや遅れているという点は否めません。様々なルール改変の結果、試合中のラックの数は増え、コンタクトプレーに勝つことがより重要になってきている。そして、より素早くラックに辿り着き、より激しくボールの争奪戦に参加、あるいはそれを防ぐ戦いに、遅れずに参加する必要性が高まっています。

我々は、今年のシックスネーションズでこの点についてうまくやっていけなかった。必ず改善します。

我々は最終戦ではグランドスラムを懸けたアイルランドに敗れ、大会5位に終わる結果となりました。真の勝者となるためには、こうした痛みも必要だと捉えています。

本当に痛い目を見ることによってしかわかることのできない、自分の姿というものがあります。この痛みは、ワールドカップが始まってからではなく、今ここで味わっているだけまだいいと考えています。

外から見れば結果しか見えないし、スポーツの世界とはそういうものですが、今大会最初の敗戦となったスコットランド戦からだけでも、代表スコッドの内側にはすでに変化が起こり始めています。それは、コーチ同士の協働の仕方であったり、スタッフ陣の細かい日々の作業であったりします。

私がイングランド代表ヘッドコーチ（以下、HC）に就任してから初めての3連敗。選手たちがやや自信を失っているのは確かです。しかし、だからこそ次の試合で悔しさを晴らしたいというモチベーションには、強烈なものを感じます。選手たちの心は折れていません。ここから、次の試合でいかに素晴らしいパフォーマンスを見せられるか。技術面、戦術面はもちろん、精神面が試されます。

日本代表HC時代にも、2014年シーズンに好調な戦績を残したあと、2015年のパシフィック・ネーションズカップで、アメリカ、フィジー、トンガを相手に3連敗を喫したことがありました。ワールドカップを控えた時期の3連敗はチームにとって非常に痛いものでしたが、この敗戦で学んだことは非常に多かった。

ときに、より大きな戦いに勝つために、小さな戦いに負けることで、最終的によりよい結果が出ることがある。日本には、肉を切らせて骨を断つ、という言葉がありますね。このときの連敗と、その後のワールドカップでの成功とは、まさにそういうことです。

チームの戦績がよくないときは、メディアや、外部の声がいろいろと聞こえてきますが、そういう情報に軸がぶれてはダメ。自分たちが何のために日々鍛錬に励んでいるのか、何のためにチームとして戦っているのかを常に認識していれば、小さな戦いでの勝敗や、外部の雑音に心を乱されることはありません。

そして、心を過剰に乱さないながらも、敗戦によって学ぶべきことはしっかりと学び、より大きな舞台でのよりよい結果のために、改善を続けていくのです。

私が南アフリカ代表にコーチ陣の1人として参加していた2007年にも似たような経験をしました。南アフリカは、その年のトライネーションズ（現在のザ・ラグビーチャンピオンシップ）の最後の4試合で3敗する状態でしたが、その後のワールドカップでは優勝しました。確かに、敗戦というのは痛いものです。しかし、必ず必要なものとも言っていい。

今年のシックスネーションズは、史上初の3連覇、グランドスラムとも叶いませんでした。しかし、この先の強化計画が大きく変わることはありません。この大会が終われば次は6月、南アフリカ遠征での3連戦。全力で、チームをより強くしていくのみです。

困難な状況でこそ、その人間の本性が現れる。

2018年6月号

シックスネーションズが終わり、今は候補も含めたイングランド代表選手のプレミアシップの試合を観て、6月の南アフリカ遠征のメンバーを考えています。

また、国内や欧州の試合だけでなく、スーパーラグビーなどの南半球のラグビーの観戦と分析にも時間を割いています。世界のラグビーが、どこへ向かっていくのかを考察するためです。この考察結果は、イングランド代表強化に活かします。

5月のクラブシーズンが終わり次第、代表合宿を行い、6月の南アフリカ遠征の準備を開始します。プレミアシップでは、プレーオフまで進むクラブと、そうでないクラブでシーズン終了のタイミングが違い、代表合宿開始時点での選手のコンディションに差が出てきます。なので、代表合宿では、プレーオフ進出組と、そうでない選手で別々のコンディショニングプログラムを用意します。

今年のシックスネーションズは不調に終わりました。プレミアシップの選手の試合数が多いことや、昨年夏のブリティッシュ＆アイリッシュ・ライオンズ遠征から続いた長いシーズンの疲労なども、その原因として挙げられました。

長いシーズンによる選手たちの疲労というものは無視できない問題です。しかし、すべての選手の疲労度を、出場試合数だけで一概に判断することはできません。同じ試合数をこなしていても、選手によって疲労度は違います。また、肉体的な疲労だけではなく、感情面や精神面での疲労というものにも気をつけなければなりません。むしろ体の疲労よりも、心の疲労の方が問題です。

選手の出場試合数は確かに疲労度を図る基準にはなりますが、我々コーチ陣が、選手一人ひとりの様子をよく見て、個別に総合的な疲労度というものを判断していく。ストレングス&コンディショニングコーチだけではなく、代表スタッフにはスポーツ心理学者もいるので、こうしたスタッフからのインプットも、コーチ陣の判断材料になります。

2016年以降のイングランド代表の戦績は、ここまで28戦24勝。大騒ぎする必要はありませんが、今年のシックスネーションズは、確かに残念な結果でした。ただ、こうした厳しい状況に置かれたときほど、本当の人間性というものが現れてくる。今回のシックスネーションズまでは好調を保ってきましたが、我々はここへきて初めて厳しい結果を突きつけられた。その際、選手一人ひとりについて、これまで見えなかった面を見ることができたのは間違いありません。

今後の選考について、新しい判断材料にもなります。残念な結果、厳しい状況に対応する力は、ラグビー選手としてトップレベルで成功するための非常に重要な能力。試合中でも連戦の間でも、厳しい状況というものは必ずやってきます。

今は南アフリカ遠征へ連れていくメンバーを考えているところですが、負傷や疲労により、選びたくても選べないメンバーも出てきます。状況によっては、キャプテン、バイスキャプテンなどのリーダーシップをとる選手を欠くことになるかもしれない。ですが、チームからリーダー格の選手が1人いなくなったら、ほかの選手が立ち上がってリーダーシップをとっていくのがチームというものです。

現在のチームにも、主将、副将以外にもリーダーシップをとることのできる選手はいますが、この部分は今後さらに強化していく点。順調に、いい方向へ向かっています。サンウルブズの試合も観ています。厳しい状況が続いていますね。日本代表のプレーと、少し離れた戦い方をしているようにも見えます。日本代表資格のない選手も、結構いますね。

サンウルブズでの悔しさが、代表の試合でよりよいパフォーマンスを見せるための起爆剤になればいいのですが、連敗で負け癖がついてしまうのはよくない。理想的には、サンウルブズで勝ち癖をつけた選手たちが代表の試合へ挑むことでしょう。ただ、簡単な話ではありません。

今シーズンもディフェンスとセットピースで苦戦しており、これを「日本ラグビーの永遠の課題」だと見る人もいるようです。本当にそうでしょうか。戦い方のどの部分の強化に優先順位を置くかの問題です。私がいた期間の日本代表でも、セットピースの強化を優先した時期があり、その結果、実際に強固なスクラムを組んでいました。「日本ラグビーの弱点」なんてものはありません。ＨＣ、コーチ陣が、どの部分に重点を置いてチームを強化するかという優先順位の問題にすぎません。

いずれにせよ、サンウルブズで戦う日本代表の選手たちは、厳しい状況にいるでしょう。しかし、こんなときこそ、強い精神をもって困難に立ち向かわなければなりません。来年のワールドカップでは、ホスト国として国中の期待を背負って戦うことになります。２０１５年大会の戦績から、プレッシャーもあるでしょう。

苦境を乗り越え、周りからの批判の声も受け止め、最高のパフォーマンスを見せなければなりません。苦しいときこそ、人間の本性が現れるもの。日本代表の選手たちがここからいかに立ち上がるか、見せてもらいたいです。

制約の中でのメンバー選考。「私は私の仕事をするだけ」

2018年7月号

先日、夏の南アフリカ遠征34人のメンバーを決めました。昨夏のブリティッシュ&アイリッシュ・ライオンズ遠征に参加したメンバーの中には、今年の夏はしっかりと休ませた方がいい選手が何人かいます。これにケガ人も加わり、本来ならば遠征に連れていきたいのに連れていけない選手が20人もいるという、異常な状況でのメンバー選考。非常にタフな作業でした。

現在の世界のラグビー強豪国では、協会が直接選手と契約し、選手のコンディショニングを、テストマッチに合わせて行っている国が多い。しかし、イングランドの事情はそうではない。代表チームはクラブから選手を借りているような形で、現在のような状況にも対応していかなければなりません。

イングランドは、昨夏のライオンズ遠征に16選手を送りましたが、現在の代表チームがこの影響を受けているのは否定できません。過去の歴史を振り返っても、イングランドは、ライオンズ遠征の翌年のシックスネーションズで優勝したことがないのです。

昨夏の遠征に参加した選手は、オールブラックスと真剣勝負で対戦し、1勝1敗1分けという結果を残しました。これは確かに個人の自信に繋がり、選手としての知識と経験にはなりましたが、夏のオフシーズンにしっかりと休養をとれなかった。代表チームは、この代償を払う形になっています。

こうした状況から、今回の南アフリカ遠征には8人の初招集選手が名を連ねました。その中で、ニュージーランド出身のブラッド・シールズ（FL／シーズン終了までスーパーラグビーのハリケーンズ所属）の代表資格についていろいろと騒ぎになっているようですが、その話は私の責任範疇にはありません。私の仕事は、イングランド代表資格のある選手のリストから、最高のメンバーを選び、チームを勝たせること。代表資格の定義についての議論は私の仕事ではありません。

バックローには19歳のトム・カリー（セール・シャークス）、20歳のベン・アール（サラセンズ）、21歳のジャック・ウィルズ（ワスプス）という若い選手も選びました。もちろん、南アフリカの強力なフォワードを相手にしっかりとやってくれると信じての選考です。若手選手は、チャンスを与えて育てていかなければなりません。

また、メディアで何かと注目を集めるダニー・シプリアーニ（SO／FB）も、私がイングランド代表HCになってからは初招集です。ワスプスの主力選手としてプレミアシップで今季いいプレーを見せており、代表でその実力を見せるチャンスを与えました。

ただ、クラブの試合とテストマッチは別物。クラブでいいプレーを見せれば、必ず代表に呼ばれるということではありませんが、ダニーは私のアドバイスに従い、プレーを向上させている。独自のスタイルを持った選手で、チームに新しいものを与えてくれることを期待しています。

今回の遠征には、主将のディラン・ハートリー（HO）も負傷のために参加できず、オーウェン・ファレル（SO／CTB）が主将を務めます。オーウェンはディランとは性格の違う人間ですから、当然違った形でのリーダーシップを見せてくれるでしょう。

日本代表HC時代もそうでしたが、私は代表合宿にスポットコーチを呼び、チームに新しいものを加えていくというコーチング哲学を持っています。

今回の南アフリカ遠征では、スコット・ワイズマンテルという、日本代表HC時代にも一緒に仕事をしたアタックコーチを連れていきます。全体的な戦略のフレームワークの中で、彼が何か新しいものを加えてくれることを期待しています。

今回のように、制約の多い状況での遠征メンバー選考や、戦術的な準備などは非常に骨の折れる仕事ですが、私自身が疲れを感じることはありません。プレミアシップのシーズン中は、毎週末各地を回って観戦するなど休みなしで仕事をしていますが、これは私が好きでやっていること。ここまで好きなことを仕事にできる自分は、幸せ者です。

日本代表は、協会がトップリーグチームと交渉し、代表選手のコンディショニングなどをコントロールしようとする動きがあると聞きました。来年のワールドカップに向けて選手の状態をピークに持っていくための、ポジティブな動きだと思います。

今年の夏はジョージアとイタリアが日本に遠征するようですが、勝つチャンスだと思います。僅差ながら、両チームとも日本より下にランキングされているチームですし、ホームでの戦い。勝つべき試合です。

ジョージア代表は、今年の2月にイングランド代表と合同練習を実施したのですが、やはりスクラムは強力。バックスは細かいスキルがやや欠けているように見えましたが、非常にアグレッシブ。日本代表にとっては、実力を試すいいテストマッチになるでしょう。

イタリア代表もコナー・オシェイHCのもと、進歩を遂げています。若手にいい選手が多く、マッテオ・ミノッツィ（FB）などは要注意でしょう。毎年シックスネーションズで欧州の強豪と戦っている相手に対し、日本代表がどんな試合をするか。いい戦いを期待しています。

勝ちにいく気持ちは決して消えない。

2018年8月号

今回の南アフリカ遠征は、不調に終わった今年のシックスネーションズからややメンバーを入れ替えての遠征です。シックスネーションズでの不調を理由に選手を代えているのかと聞かれることもありますが、負傷や蓄積疲労のために遠征に参加できない主力選手が20人もいますから、必然的にメンバーは違ってきます。こんなときは当然、若手選手を試す絶好の機会です。

42―39と南アフリカに軍配が上がった第1テストは、イングランドのプレミアシップでプレーする南アフリカ選手の活躍が目立ちました。特に、セール・シャークスでプレーする、ファフ・デクラーク（SH）と、ワスプス所属のヴィリー・ルルー（FB）はいい動きをしていました。

彼らは普段イングランドでプレーしているから、イングランド代表相手にいい活躍ができたのか。そんな単純な話ではありません。相手チームに対する知識というものはある程度の要素にはなりますが、そんなことよりも、単に調子のいい選手が活躍しただけにすぎない。それ以上でもそれ以下でもありません。

確かに、イングランドでプレーする南アフリカ代表の選手が、イングランドの選手の特徴や弱点についてチームメイトに話すこともあるでしょうが、今の時代、それらの情報はいくらでも手に入れることができます。スタッツやプレースタイル、最近数試合での調子など、簡単に手元に集めて見られる。相手国のクラブリーグでプレーする選手からの情報の価値も、それほど大きなものではないでしょう。そもそも、クラブでの試合とテストマッチはまったく別物です。

シックスネーションズから連敗が続き、現在チームは非常につらい状態にある。選手たちも精神的につらい状態にいますが、こんなときはとにかく歯を食いしばってここから抜け出すことに集中するのみ。それだけです。

国を代表して戦う選手なのだから、それ以外に何を考える必要があるのでしょうか。私自身も、連敗中のチームのHCとしてプレッシャーを感じているかと聞かれたりもしますが、連敗中だから特別なプレッシャーを感じることなど一切ありません。

代表HCという仕事は、常にプレッシャーに晒されながらやるものです。どんな試合でも常に勝たなければならない。そのプレッシャーとつき合っていくのが仕事なのです。

第1テストが行われた、ヨハネスブルクのエリスパークスタジアムが高地（海抜

1724㍍）にあるため、試合前の準備合宿を低地で行っていたイングランドに不利に働いたと言う人もいますが、的外れもいいところです。そもそも南アフリカには高地も低地もあり、南アフリカ代表選手の中にも高地に慣れていない選手はいくらでもいる。勝ったら勝ったでいろいろと理由をつけたがり、負けたら負けたで、またいろいろと理由を探したがる。そうやって、ありもしない話を作って記事にしたがるのがメディアの仕事なのかもしれませんが、私の仕事はとにかく代表チームを勝たせること。そこに集中します。

ラグビーの真剣勝負の勝ち負けの原因は、ラグビーのみ。高地だろうと低地だろうと、負けは負け。次の試合に勝つために何をすればいいのか。それ以外は、私の頭の中にはありません。

常に改善を続けるのが私のコーチング哲学です。今回の遠征前、代表キャンプに招いた専門家に、ビンセント・ワルシュという脳科学の専門家がいます。人間の脳というものは、どのようにして「学ぶ」のかを教えてもらうために呼びました。

物ごとを学ぶスピードは人それぞれ。集団の中には学ぶスピードが遅い人もいます。ビンセントには、コーチ、選手、それぞれを対象に講義をしてもらいました。選手にとって、そして私自身にとっても、非常に貴重な経験でした。

日本ラグビーには明るいニュースが出てきましたね。レッズとストーマーズを破ったサンウルブズの試合を観ました。若手とベテラン、外国出身選手と日本選手がうまくミックスされ、いい試合をしました。じわじわとですが、強くなっている印象を受けました。

ただ全体的な選手のレベルとしては、まだまだ改善の余地がある。これは日本ラグビーがこれまで置かれていた状況から仕方のないことです。トップレベルの試合での経験値は非常に大事なのです。

質の高い場数を踏み、修羅場をくぐり抜けてきた者にしかわからない世界というものは、明らかに存在します。特にワールドカップのような大舞台での厳しい試合で最高のパフォーマンスを発揮するためには、そうした修羅場の経験値の多さがものをいう。サンウルブズのメンバーは、来年のワールドカップまでにあと1シーズン、スーパーラグビーを戦える。しっかりといい経験を積んでもらいたいですね。期待しています。

日本代表のイタリア戦は、私自身が南アフリカ遠征中でまだ観ていません。ジャパンは秋のテストシリーズでの対戦相手。この遠征が終わったら、徹底的に分析していきます。

ワールドカップ期間中にどういう状態でいるかが大事。

2018年9月号

南アフリカ遠征は3戦目でようやく勝利を収め、シックスネーションズから続く連敗を5で止めることができました。正直言って、ホッとしました。勝負に負けるのはいつだって気分が悪い。負けが続くことでメディアをはじめ、周囲からは様々なプレッシャーがかけられる。私だけでなく、選手やスタッフもこうしたプレッシャーに晒されてきた。ようやく勝って、安堵感があるのは当然です。

結果的には1勝2敗で終わったこの遠征で、我々は非常に成長することができた。各試合のスターティングメンバーの経験値は、およそ400キャップ程度。まだまだ経験の浅いメンバーでの戦いでした。1戦目、2戦目ともに勝負の分かれ目となる場面で、好機を逃してしまった。これは経験の浅さからくるものです。南アフリカのメンバーも多くの若手選手を含むチームでしたが、彼らはホームでの戦い。条件が違います。

3戦目は雨が降ったあとの試合で、グラウンドもボールも滑る状態でのキッキングゲームだった。それがイングランドに有利な条件になったと言う人もいますが、それも違います。そもそも両チームとも同じコンディションのグラウンドで戦うのだから、天候がどちらかのチームに有利に働くというのはおかしい。

その3戦目では、10年ぶりにSOとしてテストマッチに先発したダニー・シプリアーニが、WTBジョニー・メイのトライに繋がるキックを蹴った。厳しい状態から見事に実行し、メディアに注目されました。あれはいいキックだった。

ただ、個人技ではなく、チーム全体が機能的な動きをした結果と評価するのが正しいでしょう。

どんなスポーツにもメディアにやたらと注目される選手が存在します。シプリアーニもその1人かもしれません。確かに、彼は一瞬のチャンスを見逃さない素晴らしい目を持った選手ですが、オーウェン・ファレル（CTB／SO）や、ジョージ・フォード（SO）も同じタイプ。イングランド代表には、いいSOが3人いると知った人も増えたと思います。

今シーズンは5連敗の経験を含め、タフな経験をしてきました。どんなチームにも不調、連敗というものはあります。ただ、来年のワールドカップ直前に5連敗するよりは、1年前にこの経験をしておいた方がいいのは確かです。

これからワールドカップまでの約1年間、チームが完璧な状態で連戦連勝というのもまた困ってしまいます。あくまでワールドカップのタイミングでチームが最高の状態になることがもっとも大事。それ以外のタイミングでチーム状態がピークに達してしまったら、それは失敗です。

日本の皆さんは覚えていると思いますが、2015年のワールドカップ直前の4試合で、日本代表は3敗を喫しています。私がコーチングスタッフとして参画していた南アフリカも、2007年のトライネーションズの最後の4試合で3敗しながら、その直後のワールドカップで優勝に輝いています。

もちろん意図的にテストマッチに負けるようなことはしませんが、どういう状態でワールドカップを迎えるのかではなく、ワールドカップ中にどういう状態にいるかが大事。5連敗もするのは予想外でしたが、これがワールドカップへのマスタープランに影響することはありません。

ワールドカップ前の代表合宿は7月8日にスタートし、日本には初戦の2週間ほど前に到着して宮崎で5、6日間最後の仕上げを行い、試合前の調整に入る。大会前にウォームアップゲームも何試合か行う予定ですが、まだ詳細は決まっていません。

イングランドは予選プールC組に入っており、グループステージから全勝を続け、B組のニュージーランドも全勝を続ければ、我々と準決勝で当たります。予選プールを2位で通過すれば、イングランドは決勝までオールブラックスとは戦わないで済む。そんなことを言っている人もいるようですが、私の頭にはそんな考えなど微塵もありません。

ワールドカップとは、7戦全勝しにいく大会です。

この夏のオフシーズンは、ラグビークリニックと講演のために日本を訪れ、いくつかの都市で地元の人たちと交流してきました。日本は私にとって個人的な繋がりの深い国ですし、日本の皆さんがイングランドを応援してくれると嬉しいですね。

日本での予定が終わればイングランドに戻り、今夏のワールドカップで目覚ましい戦績を収めた、サッカーイングランド代表のガレス・サウスゲートHCに会う予定です。そして、同じくサッカーの代表指揮官として、オランダ、韓国、オーストラリア、ロシア、トルコを指導した経験のある、フース・ヒディンクHCにも会う予定です。

スポーツの種目は違っても、ワールドカップという大舞台で実績を挙げたHCから学ぶことは非常に多い。

自分自身のワールドカップでの目標達成のために、私自身が学び続け、向上し続ける。そうやってチーム全体を向上させ続けていきます。

新たな才能のため、最後までドアは開けておく。

2018年10月号

選手たちが束の間のシーズンオフを楽しむ夏、私はまた日本に来ています。いよいよ1年後に迫ったワールドカップの準備活動の一環として、コーチ陣を連れて様々な最終リハーサルをしに来ました。私が以前HCを務めた、サントリーサンゴリアスの練習にもイングランド代表のコーチ陣を連れて参加し、いろいろな意味で日本での大勝負のための準備をしています。

また、6月に行われた南アフリカ遠征を最後にイングランド代表のディフェンスコーチの座を離れることになった、ポール・ガスタードの後任探しも進んでいます。

後任候補者の一人に、ジョン・ミッチェルというオールブラックスの元HC（スーパーラグビー、ブルズのHC）がいます。彼は、私がオーストラリアHC時代に何度も対戦したことのある、HC業の元好敵手。同じチームのコーチングスタッフとして一緒に働いた経験はありませんが、そういう人材からは、私も新しいことを学ぶことができる。そうした点も含めて、彼の名前が挙がっています。また、南北半球の複数の国での彼のコーチ、

HCとしての経験値は、比較的経験の浅い現在のイングランド代表のコーチングスタッフに、いいものを与えてくれる可能性もあります。

私は、自分がHCを務めるチームのコーチたちの育成というものには常に気を配っているので、ミッチェルがイングランド代表の指導陣となることは、有利なポイントでもあります。しかし、ワールドカップまであと1年という今の段階では、コーチの育成というタスクの優先順位は当然、下がってきています。これからは、とにかく来年のワールドカップで優勝することを最優先に、すべてを進めます。

夏のシーズンオフが終わる頃には、まだテストマッチ未経験の選手や、しばらく代表を遠ざかっていた選手も含めて、3日間の代表合宿を実施しました。これから始まるプレミアシップのシーズンに向けて、どのようなことを意識していけばいいかなどを確認しました。選手たち一人ひとりともコミュニケーションをとり、練習に取り組む姿勢も見ることもできた。いい機会でした。

プロスポーツである以上、試合で高いパフォーマンスを見せる実力があることは非常に大事ですが、ラグビーに取り組む姿勢も、決して忘れてはいけない。実力がありながらも姿勢に問題がある選手は選考の上で、不可能ではないのですが、正直難しい（8月15日には、6月に代表に選ばれたSOダニー・シプリアーニがナイトクラブで暴行事件を起こした)。

そうした話以外にも、ワールドカップを戦うための代表チームを選考する上では、いろいろなことを考えなければなりません。例えば31人の代表枠で、短期間に7試合を戦うメンバーを選ぶわけですから、複数のポジションをこなすことができる選手は重宝します。これはバックスのポジションでより顕著になります。なぜなら、フォワードのポジションはそれぞれの専門性というものがはっきりしているのに対し、バックスに求められるスキルには、ポジション間の共通点が多いからです。

ただ、フォワード、バックスに関わらず、複数のポジションを器用にこなせるタイプの選手と、ひとつのポジションのスペシャリストとなるタイプの選手という、「特性の違い」というものは存在します。複数ポジションをこなせるタイプには、代表の試合でも複数のポジションで経験を積ませていますが、このやり方がうまくいかないタイプの選手もいます。そういう選手には、無理にできないポジションをやらせたりせず、自分の強みが最大限に活かせるポジションに専念させる。タイプの違う選手をいかにうまく組み合わせてチームを作り、それぞれのタイプに合わせて適切な経験を積ませていくか。これは、チーム作りのアートであり、HCとしての大事な仕事です。

過去にほかの国のクラブでプレーした経験のある選手は、イングランドでしかプレーした経験のない選手にはない知識を持っています。他国のコーチやチームメイトとプレーしてきた経験は、ある程度有益な経験にもなります。

代表チームを編成する上で、チームの経験と若さのバランスを上手にとるのは、ＨＣに求められる資質のひとつです。ワールドカップまであと1年となった現在では、ある程度チームの構成が固まってきていますが、実力さえあれば、今現在、代表経験のない選手が来年の大舞台に立っている可能性もあります。

オールブラックスのネヘ・ミルナースカッダー（ＷＴＢ）など、２０１５年のワールドカップ直前に突然現れた選手が、大舞台で素晴らしい活躍を見せた例もある。最後まで代表チームのドアを閉ざすことはできません。

日本での大舞台まであと1年。やれることは何でもやる。

2018年11月号

ワールドカップの準備のため、すでに何度も日本を訪れています。この8月はコーチングスタッフを連れて行ってきました。

来年の大会前には、9月上旬には日本入りし最後の仕上げを行う予定です。この時期の日本の蒸し暑い気候に沿って、トレーニングの強度や量を考えなければなりません。体力を消耗しやすいコンディションなので、選手たちをしごきすぎてもいけませんが、あまり生ぬるい扱いをするのもよくない。イングランドでは、日本の9月のような蒸し暑い天候になることはないので、コーチングスタッフ陣も自分自身の体調管理に気をつけておかなければなりません。

ほかにも、コーチ陣には日本語会話の基本レッスンを受けさせます。少しでも日本の環境に慣れさせるためです（選手たちにも日本語レッスンを推奨）。とにかく、できることはすべてやる。ワールドカップに向けて、徹底的に準備を進めます。

今後は公式な設備チェックのためにも日本に行きます。スタッフは同行しませんが、私は来年の4月にもまた予定があります。

ワールドカップ前のウォームアップゲームは、ウエールズと2試合（2019年8月11日と17日／それぞれトゥイッケナムとカーディフにて）、アイルランド（8月24日／トゥイッケナム）、イタリア（9月6日／ニューカッスル）とそれぞれ1試合ずつ戦うことが決まっています。いつも戦っている相手ですが、日程や試合会場などの物理的な制約から、この予定になりました。対戦相手は協会の事情で決まったので特に私が希望したわけではありませんが、ウォームアップゲームを4試合行うのは私の強い要望です。この時期にイングランドでの試合が可能な相手ということで、イタリアとの4試合目が決まりました。

9月からはプレミアシップも開幕し、毎週試合会場に足を運んで試合を視察しています。序盤戦を観たところ、昨年このリーグの試合全般で問題となっていた点が、やや改善されたように見えます。

問題だったのは、プレミアシップのレフリーが、ブレイクダウンでのペナルティに厳しい傾向にあり、その影響で激しいボールの争奪戦があまり行われていなかった点です。クラブゲームにそうした傾向があり、それが代表戦でのブレイクダウンでの苦戦に繋がっていたというのが私の見方です。

イングランド協会のルールで、国外のクラブに所属する選手は、イングランド代表へ選出される資格を持たないという決まりがありますが、そのため、フランスの金満クラブからの高額オファーを断り、イングランドのクラブでプレーしている選手が何人かいます。これこそ、私が代表選手に求める態度です。代表でプレーすることに、高額の給料を得ること以上に価値観を見出す。選手たちに、そういう魂を求めます。

　また、イングランドのプレミアシップにはフランスのＴＯＰ14ほどではありませんが、世界トップクラスの選手たちが集まってきます。そういう選手たちがイングランド外からやってきて、イングランドラグビーのレベルを上げるのは歓迎しますが、そのレベルにない選手たちを外国から招くことは疑問です。中途半端なレベルの選手を連れてきて、イングランド代表資格のある若手のクラブでの試合出場機会を奪ってしまうのは、イングランドのラグビー全体を考えた上で好ましくない。

　現状は、何とかバランスが保たれていると言っていいでしょう。代表選手を輩出したクラブには、ラグビー協会から助成金が支給されるという制度があります。各クラブに代表選手を育てるインセンティブが与えられています。

　ワールドカップまであと1年という段階で、代表チームの選手層もいい状態に向かっています。ポジションによって層の厚さにバラつきはありますが、現時点でここまできていれば大丈夫。80パーセント固まっています。しかし当然、大会直前までドアは常に開けています。

これからの1年間の調子により、一度代表を外れた選手や急成長を遂げる若手などが入ってくるかもしれません。私は、代表チームとはそういうものと考えています。

チームの戦い方については、何パーセント固まっているかなど、数字で表すのは難しいですね。ラグビーというゲームは常に進化を遂げているので、ゲーム自体の進化も加味した上で、戦い方を決めていくものですから。チームの『哲学』とも言える戦略的な部分ではある程度固まっていますが、そこに常に柔軟性を持たせていかなければならない。

トップレベルのラグビーのトレンドに気を配り続けるのも大事。ルールの改正、運用も次々に出てきます。そうした背景も考えた上で、戦術的な微調整を毎試合行うのが私の仕事です。

大舞台まであと1年。非常に楽しみで、興奮しているというのが正直な気持ちです。アジアのティア2国で開催されるワールドカップ。ラグビー界の歴史で初めての試みとして、語り継がれる大会です。

私個人も日本とは非常に強い繋がりがある。そんな場所での大会で、イングランド代表は優勝を狙える。楽しみで仕方がありません。

日本戦には特別な感情がある。

2018年12月号

11月のテストシリーズに向け、選手たちのクラブでのプレーを観ながら、いろいろと考えています。

選考の基準には、「現在の短期的な調子」、「これまでの中長期的な調子」、「私が作ろうとしているチームの一員としてうまくはまるかどうか」、「私が意図するゲームプランをキッチリと実行できるか」という点があります。

こうした点をすべて考慮しての選手選考ですから、ビッグゲームで1、2試合いいパフォーマンスを見せたからといって、代表に入るとか入らないとか議論するのは間違っています。イングランドのラグビーメディアは、こういう短期的な部分を見て話題を作ろうとしますが、私はそんな選手選考はしません。

ケガ人に加え、出場停止処分を受けている選手もおり、なかなかベストチームを組むことができずにいます。しかし、こうした要素は私のコントロール外。自分の力でコントロールできないことを嘆いても仕方がありません。選考可能な選手たちの中から、いかにベストメンバーを選ぶかを考えるだけのことです。

それに、こうしてケガ人が続出する時期というものもあれば、代表当落線上の多くの選手たちがフィットした状態で、嬉しい悩みを抱える時期というものもある。そういったサイクルというものは、どこの代表チームにも必ず存在します。運、不運という見方もできるかもしれませんが、それも、サイクルのように交互に入れ替わりながら巡ってくる。とにかく自分の足元を見据え、自分がコントロールできることに全力を尽くすのみです。

自分の目でしっかりと、候補も含めた現在のイングランド代表選手たちの状況を見てみると、ポジティブなニュースはいくらでもあります。

中堅、ベテラン層の選手で調子のいい選手もいますし、頭角を現わしてきている若手も大勢います。この秋のテストシリーズを戦う代表チームに初招集する予定の若手選手も何人かいます。

若手選手たちの中には、来年のワールドカップでの代表入りを果たす選手もいるかもしれません。代表チームへのドアは最後まで開けておくつもりですし、最後まで諦めずに代表定着を目指す若手選手のエネルギーは、チームにとって素晴らしい刺激となります。前任のポール・ガスタードに代わって、新しいディフェンスコーチ、ジョン・ミッチェルとも仕事を始め、テストシリーズに向けて、いい準備をしています。

今年は、シックスネーションズから夏の南アフリカ遠征と連敗を経験しました。選手たちはこの経験で悔しい思いをしていますが、あくまで最終的な目的はワールドカップで、これは連勝しようが連敗しようが変わるものではありません。

その時点までの連勝や連敗が次の試合へのモチベーションになるのは、私に言わせればおかしな話です。HCの仕事というものは、常にチームを向上させることだけですから、連勝や連敗についても、世間で騒いでいるような捉え方をすることはありません。

連戦は初戦が一番大事です。2戦目以降については初戦が終わってから考える。それが私のポリシー。11月のテストシリーズは、とにかく初戦の南アフリカ戦（11月3日）のことのみを考えています。とにかく激しい肉弾戦と、スマートなプレーの選択がこの試合のテーマです。南アフリカは激しい肉弾戦で知られるチームですが、相手の強みに真っ向から挑み、その強みを消し去り、弱みを叩く。それが基本的なゲームプランです。

2戦目のオールブラックス戦（同10日）は、世界のトップと自分たちの差がどのくらいなのか。また、どの部分にその差があるのかを知るいい機会です。4戦目のオーストラリア戦（同24日）も南半球の強豪ですし、ワールドカップまで1年を切った現時点での自分たちの実力を試すことができます。

ゲームプランなどの戦術的なことはまだ考えていませんが、3戦目の日本代表戦（同17

日）は、やはり、感情的に特別な思いがあります。個人的に繋がりのある日本の代表チームの指揮を執れたことは光栄ですし、日本ではいい時間を過ごすことができました。私なりに、日本ラグビーに対して恩返しをすることもできたと思っています。

直接指導した選手たちもまだチームに残っていますし、顔を見ると何とも言えない気分になるかも知れませんが、一度試合が始まればそんなことも忘れ、真剣勝負のテストマッチです。試合前には会う時間はないと思いますが、アフターマッチファンクションで、選手たちと久しぶりに話すことを楽しみにしています。

日本の選手たちには、トゥイッケナムでプレーするという貴重な経験を、噛み締めてもらいたいですね。ただ、勝つのは我々ですから、勝利の経験にはならないでしょう。

今の日本は私の頃よりはるかに強い。

2019年2月号

この秋のテストシリーズは、4戦3勝。唯一の敗戦は、ニュージーランド相手に1点差の惜敗でした。

全体的に見て、ポジティブなシリーズだったと言えます。今年は負けた時期もあったことで騒いでいる人もいますが、チームはいい方向に向かっています。私がイングランド代表HCの座に就いてからの勝率は8割以上。つらい時期を抜けたとか、そういう問題ではありません。

そもそも成長というものは、失敗と成功を繰り返すことにより生まれるもの。勝つときもあれば、負けるときもある。我々は常に成長するための努力をしており、その中で勝ち負けがあるのは自然なことです。

代表チームのHCというものは常にプレッシャーとの戦いで、前の試合に勝った、負けたで、次の試合へのプレッシャーが変わるというようなことはありません。私は長いことHCとしての仕事をしており、経験を積んできた。こうしたプレッシャーへの対応は身についています。

この秋のテストシリーズでは、これまで主にCTBで起用していたオーウェン・ファレルをSOで、WTBとして出場させていたエリオット・デイリーをFBでスタートさせるなど、チーム構成を少し変えました。これはワールドカップを軸とした4年サイクルのプロジェクトが、「残り1年以内」というフェーズを迎えたからです。4年かけてワールドカップで勝てるチームを作るのがこのプロジェクトの目的。本番まで1年を切ったこのタイミングでチームに変化を与えるのは、やるべきことのひとつです。

先月の日本代表戦は、来年の本番へ向けてのリハーサルという位置づけでした。ワールドカップでは、札幌の初戦でトンガと戦い、次戦の神戸でのアメリカ戦は中3日で行われる。5日間で2試合のテストマッチを戦う必要があるので、当然1本目と2本目を分けた戦い方の準備をしています。日本代表戦は、正直、2本目をスタメンで出しました。

さらに正直に言いますが、この試合、うちの2本目は日本代表にやられた感があります。今の日本代表は、私が指導していた頃よりもはるかに強いチームになっている。もはや私の残したものなど何の価値もありません。ですが後半に主力を出し、勝つことができたのはよかったと思います。

とにかく我々は今、いい方向に向かって走っています。テストシリーズが終わったばかりの代表チームのHCの私は、いろいろな準備を着々と進めています。

例えば来年の本番では、トンガ、アメリカ、アルゼンチン、フランスと予選プールで4試合を戦います。それぞれの試合をどのように戦うか考えています。

秋のテストシリーズが終わり、代表合宿が解散したあとは、クラブの試合を視察するために各地へ足を運んでいます。週末も忙しく動き回っている。イングランドの冬のラグビーシーンは、プレミアシップの試合だけでなく、欧州チャンピオンズカップという欧州クラブの上位チームによるコンペティションがあります。

わざわざフランスやイタリアまでは行きませんが、欧州クラブがイングランドへやって来る場合は、直接試合を観ます。

今シーズンの欧州チャンピオンズカップでは、プレミアシップの上位チームがサラセンズを除き、どのチームも欧州各地のクラブにやられています。プレミアシップなイングランドでのクラブゲームと、欧州大会でのクラブゲームでは、レフリングに微妙な違いがある。欧州のレフリーはテストマッチと同様のレフリングをします。対してプレミアシップのレフリーは、クラブゲームのレフリングをする。先日、日本のトップリーグを観る機会がありましたが、やはりここでもクラブゲームのレフリングでした。私が口出しする問題ではありませんが、わかる人が見れば、わかります。

もっともわかりやすい部分は、ブレイクダウンです。欧州クラブゲーム及びテストマッチのレフリーは、ブレイクダウンでのボール争奪戦を、プレミアシップのレフリーに比べて許容する傾向にあります。プレミアシップの試合では、ブレイクダウンについて厳しい笛が吹かれる傾向にある。そのため「ラックを捨て」、次のフェーズのディフェンスに回る傾向がある。アタックも当然、それに合わせた動きをすることになる。これはラックに多くの人数を使わない傾向のトップリーグの試合にも言えることです。

これに対し、正確な技術を理解していれば、激しくやり合うことが許されるテストマッチと欧州クラブゲーム。コーチや選手たちは、その違いをしっかりと理解しておかないといけない。

今の私の頭の中は、来年のシックスネーションズの初戦、アイルランド戦のことでいっぱいです。我々にとってはアウェーゲーム。ダブリンのアビバスタジアムでワールドランキング2位と戦います。

ワールドカップの前ですが、シックスネーションズを全力で勝ちにいく。ただそれだけです。

私は私。いつも通り、全力で仕事をします。

２０１９年３月号

いよいよ２０１９年がやってきました。

昨年秋のテストシリーズが終わったあとに日本を訪れ、その後はオーストラリアで、コーチングを学んできました。１月は、シックスネーションズの本格準備を開始する時期。イングランドに戻り、日々仕事に励んでいます。

今年のシックスネーションズは、イングランド代表ＨＣとして、４回目の大会。この大会の歴史や、文化的背景だけではなく、観衆、メディア、そして選手たちの感情的な部分というものについても、経験と知識を蓄積しています。当然、こうした経験と知識が直接結果に結びつくような世界ではありませんが、経験と知識というものは、一定の意味を持ちます。

２０１６年の１回目は、グランド・スラム（全勝優勝）という最高の結果を残すことができました。翌２０１７年大会も優勝し、２連覇を達成しましたが、最終戦でアイルランドに敗れ、グランドスラムは逃しました。２０１８年はいろいろな意味で実験をする年でした。昨年のシックスネーションズは、2勝3敗でフランスと並びながら、ボーナスポイントの差で5位に終わりました。

今年は、ワールドカップイヤー。イングランド代表HCとして4回目の大会となりますが、気持ちはいつも同じです。次の試合に勝つために最高の準備をして、大舞台で勝利する。それだけを考え、興奮しています。心配とか、緊張とか、そういった感情はありません。

2019年に入り、代表HCとしてワールドカップのことを考えるのは当然ですが、自分の基本原則を曲げたりすることはありません。

例えばワールドカップでは、うちはフランスと同じプールC。しかし、今年のシックスネーションズで過剰にフランスを意識するようなことはしません。大会開幕前の時点では、どうやって初戦のアイルランド戦に勝つのかということ以外、頭の中にはありません。私は長年、そうやって代表HCという仕事をしています。常に新しいものを学ぶ姿勢というものは忘れませんが、自分の軸になる考え方を確立するだけの経験は積んでいます。

ただ今年は、昨年のように実験やテストをするための年ではありません。昨年のシックスネーションズではコーチングスタッフに、試合前週の練習メニューを決めさせ、かつ練習を仕切らせるという実験をしました。

秋のテストシリーズでもいろいろとテストをしました。ニュージーランド代表戦と日本代表戦の間に、あえて3日間しか練習をしないスケジュールのテストもしています。日本代表戦では前半に控え中心の選手たちを起用して、後半に主力を出した。劣勢から逆転勝利というシナリオのリハーサルもできました。

今年は、昨年のこうした試みで得た情報をいかに活かすか、という年です。

私の代表チームで戦う選手たちはプレミアシップの上位クラブ所属選手たちが中心になるので、1月は欧州チャンピオンズカップ（欧州各国リーグの上位チームによる欧州クラブ選手権）でしのぎを削っています。イングランド上位クラブは近年、同カップで苦戦するチームが多いですが、その要因のひとつがレフリングの違い。以前にも話しましたが、欧州のレフリーはよりテストマッチに近い笛を吹き、プレミアシップのレフリーは、クラブラグビーの笛を吹く。トップレベルのチーム、選手にとってこの違いは無視できないことです。これが欧州チャンピオンズカップでの試合結果につながっている。

私の仕事は代表チームのHCなので、当落線上も含めた代表選手が、欧州の選手を相手に個人としてどういうプレーをするかを見ています。チームが勝つ中で個人として輝く選手、負ける中でも輝く選手など、代表HCとしてしっかりと見ます。それぞれのクラブがチームとしてどういう戦いをするかは私の管轄外なので、何の意見もしません。ただ、チームとしても個人としても、勝ち癖、負け癖、コンディションというものはあるので、その点は代表選考に際して、ある程度は考慮します。

現在の私の頭の中は、アイルランドを初戦でどうやって叩くかでいっぱいです。アイルランドには昨年、一昨年と、大会最終戦で連敗しています。今年は開幕戦での対戦。我々にとってはアウェーの、ダブリン・アビバスタジアムに乗り込みます。

日本でのワールドカップに連れていく代表選手は9割ほどは決まっていますが、最後までドアを閉じることはありません。

大会直前に突然代表入りする選手の典型的な例として、以前にも話しましたが、2015年ワールドカップでのニュージーランド代表、ネヘ・ミルナースカッダー（WTB）がいます（大会開幕約1か月前に初キャップ）。大会直前までテストラグビー界ではまったく知られていなかった無名の若者が、ぶっつけ本番で素晴らしい活躍を見せました。そういう例があるということを、忘れてはなりません。

私は今年も、全力で戦います。

人生は学ぶことばかり。

2019年5月号

先月、私がこのコラムでシックスネーションズの話をした時点では、我々の戦績は2戦2勝でした。しかし、3戦目でウエールズを相手に、不覚をとってしまいました（カーディフで行われた試合は、21―13でウエールズの勝利）。いいレッスンになりました。敗戦後には様々な角度からその試合を振り返りました。

この試合で学んだこと。まずは、戦術の調整を柔軟に行えなかったというものがあります。初戦のアイルランド戦、2戦目のフランス戦で効果的だったキック戦術が、この日は機能せず、うまく戦術の切り替えができませんでした。チームとして、戦術的な引出しを多く用意しておきながら、柔軟さに欠けていた。敗因のひとつです。

敗戦は、痛みを伴います。しかし、チームはしっかりと立ち上がりました。次の試合に何をすべきかを認識し、選手、スタッフには、再び燃える気持ちが溢れました。

ウエールズとは、ワールドカップ前のウォームアップゲームで2試合戦いますが、シックスネーションズで戦うのと、ウォームアップゲームで戦うのは、まったく別物です。ここでのウエールズ戦の敗戦が、ワールドカップ準備期間に行う試合に与える影響はありません。

ウエールズ戦後、昨年に引き続きジョージア代表を招き、合同練習を行いました。うちのＦＷたちにスクラムを学ばせるためです。

ジョージア人のスクラムの組み方は非常にユニークです。まず肩の使い方が独特。さらに、早いタイミングでコントロールされたプレッシャーを仕掛ける術に長けています。学ぶものが多いのです。ジョージア人と実際にスクラムを組むことでしか学べないものがある。

同代表のフロントローの選手の多くは、フランスのＴＯＰ14の舞台で、世界的トップレベルの選手たちと日々戦っています。スクラム自体、ジョージアの国技と言っても過言ではないでしょう。

シックスネーションズに昇降格制度を採り入れ、イタリアの代わりにジョージアを昇格させろという議論は、よく耳にします。ただ、ジョージアがシックスネーションズで勝っていくためには、スクラム以外に多くの武器が必要です。

４戦目のイタリア戦では、選手のコンビネーションを試してみました（トゥイッケナムで行われた試合は、57―14でイングランドの勝利）。（１０４キロの）ベン・テオをインサイド、（111キロの）マヌ・トゥイランギをアウトサイドと、大型CTBを2人並べる布陣でやってみました。コンタクトプレーがハードな世界トップレベルのラグビーでは、常にケガ人がいる状態を想定しなければいけない。ワールドカップイヤーを迎えたこの時点で選手を40人前後のコアメンバーに絞り、その中でいろいろと試してみるフェーズです。

イタリア戦でいい動きをしたWTBのジョー・ゾカナシンガは、まだ21歳の若手ながらもよくやってくれました。マン・オブ・ザ・マッチにも選ばれましたが、最終戦のスコットランド戦は、出場選手登録にも入りませんでした。

そもそも、マン・オブ・ザ・マッチを決めるのは誰ですか？　メディア、スポンサー、主催者の誰かでしょう。イングランド代表の出場選手を決めるのは私ですから、スコットランド戦と前戦は切り離して考えた。

ジョーを「外した」ということではありません。ケガさえしなければ、ジョーは日本に連れていきたい。ワールドカップでの、重要な戦力の1人です。ここで彼に、「外されたのではない」と理解させるのが、私の仕事です。

最終節では、我々の試合前にウエールズがグランドスラムを達成して優勝を決めました。しかし、これがスコットランド戦での結果（38—38）に影響したということはありません。ただ、前半を31—7でリードしていながら後半に追いつかれた結果については、考えさせられます。

精神的な要素が一番の原因だと思います。プレッシャーのかかった状態で、どのような思考プロセスを辿り、どう行動するのか。チームとして、この点に問題があるのでしょう。

ただこの問題は、修復可能です。簡単に修復できる問題ではありませんが、ワールドカップ前には3か月の準備期間がありますから大丈夫です。

今回は、私がイングランド代表HCとして迎えた4度目のシックスネーションズでした。理想としては4回すべてに優勝したかったのですが、2回の優勝にとどまりました。

先のスコットランド戦が、トゥイッケナムで私がイングランド代表の指揮を執る最後の試合かと聞かれることもありますが、それは愚問です。

人生、何が起こるかわかりません。

※エディーHCは2021年までイングランド協会と契約も、今年のワールドカップの成績次第では内容の変更もあり、2020年以降については「後任のサポート」が主な役割とされている。

日本でリフレッシュ。この国が好きです。

2019年6月号

多くのレッスンを学んだシックスネーションズが終わり、日本に来ています。短い時間ですがイングランド代表スタッフと離れ、ワールドカップ前の最後の公式戦だった5試合を振り返る時間でもあります。

今回のシックスネーションズで学んだ一番のレッスンは、試合中の戦術調整力というものでしょうか。ウエールズ戦（13―21で敗戦）では、キック戦術があまり機能していなかったのに、後半、別のオプションへと修正し切れなかった。スコットランド戦では、リードを守り切る戦い方ができませんでした（一時は31―0とリードしながらも後半追いつかれて38―38の引き分け）。

スコットランド戦は、前半で大きな点差がついた時点で油断した選手がいたのかもしれません。1人でも精神的に緩んだ選手がいると、試合が壊れてしまうことがある。1人の油断が、周りに伝染してしまうのです。

ただ、こうした失態がシックスネーションズの段階で出たのはよかったと言えます。例えば、それがワールドカップ初戦のトンガ戦で起こっていたら大変でした。油断から星を落とすようなことになれば、取り返しがつかなかった。

そんなことを考えたりもしますが、イングランドを離れて日本に来たことで、気分をリフレッシュさせることができました。

コーチングクリニックを行いましたが、その時間をいつも楽しみにしています。私の知識と経験を日本のコーチの皆さんと共有する機会は、同時に、自分自身もいろいろと学ぶチャンスだからです。

講義の場でもグラウンドでも、熱意を持って質問してくる参加者に、いかに的確に答えるか。そういうことも、コーチングにおいて重要なスキルです。このスキルは、常にトレーニングを続けて向上させていくものです。こういうセミナーでは、大勢の人を相手にします。しっかりと準備をしてクリニックに臨みます。

講演ではラグビーに特化した話に限らず、ラグビーからその他の分野へ応用したテーマを扱うこともあります。ラグビー応用学とでも言いましょうか。楽しんでやっています。

私は日本に対して、特別な思いを持っています。(母や妻など)家族との関係がある点もそうですが、日本は、フルタイムのラグビーコーチとしてのキャリアをスタートさせた場所です。最初に指導した東海大学、その後のサントリー、そして日本代表で、チームの向上には限界などないということを教えてもらいました。私に何かできることがあるのなら光栄です。日本に恩返ししたい。皆さんにも喜んでもらえる限り、コーチングセミナーは続けていきたい活動です。

今年のワールドカップ後の仕事について聞かれることもありますが、正直、そんなことを考えている時間はありません。今の私の仕事は、イングランドをワールドカップで優勝させるために最善の準備をすること。それだけです。

オーストラリアに戻り、再度代表HCの仕事をオファーされたらどうするか…と聞かれたりもしますが、今、その返事をしろと言われれば「NO」です。そもそも結果がどうであれ、ワールドカップ後のワラビーズ（オーストラリア代表の愛称）の指導者として、私が適任者だとは思いません。また、誰が適任者であるかとか、私から意見するつもりもない。オーストラリアラグビー協会が考えればいい話です。オーストラリア出身のラグビー人としては、当然ワラビーズにいい方向に向かっていってほしいと思っていますが。

サウンウルブズの件は、残念ですね。（スーパーラグビーから除外されて）日本ラグビーは、有効な強化のツールを失うことになった。

スーパーラグビー脱退に関する事細かな背景は知りませんが、私がその創設に関わっていたときの最大の意図は、ご存知の通り、日本代表の強化のためでした。候補選手まで含め、多くの選手に世界トップレベルの試合を数多く経験させる。スーパーラグビーへの参加は、その点で非常に有効な手段でした。この先、日本のラグビーはどこへ向かうのでしょうか。

ワールドラグビーが掲げた（世界トップ12か国を中心とした）ネーションズチャンピオンシップは、シックスネーションズが昇降格を認めるかどうかがカギとなっているようです。

ただ、この大会を抜きにしても、昇降格制度には賛成です。シックスネーションズの主催者は、この大会が世界最高の大会だと言っています。少なくともそれに近いレベルにある大会であることは間違いないと思いますが、さらによい大会にしていくには、実力に沿っての昇降格制度というものが必要だと思います。

実力のないチームが無理矢理リーグに属している。それは、勝者にも敗者にも、タメにならないでしょう。ファンも白ける、点差の開いた試合が出てきてしまうだけ。

そういう試合が存在する大会は、世界最高の大会ではない。私が決めることではありませんが、いい方向に向かってほしいですね。

受け入れられる成績ではなかったシックスネーションズ5位

ときには事実を誇張し、ときにはその事実を多くの人に理解できる形に簡素化して語るのは、イングランドラグビー界に限らず、メディアの性とでも言おうか。ラグビー以外でも、サッカーをはじめとするイングランドのスポーツメディアには、辛口の評論が多く、代表チームに対する厳しく激しい批判は、イングランド人の国民性のようにも見える。

まさに快進撃であったエディー・ジョーンズHC就任後の2年間を終えたイングランド代表は、2018年に最初の試練に直面した。シックスネーションズ3連覇を目指し、優勝候補筆頭でもあったチームは、第3節でスコットランドに敗れたあと、フランス戦とアイルランド戦も落とし、大会5位という結果に終わった。

敗戦後の会見では記者たちから厳しい質問が飛んだが、的確な指摘には素直に非を認め、揚げ足取りを狙うかのような愚問は、厳しく切り捨てた。2勝3敗、ボーナスポイントの差で5位に沈んだ結果は、イングランドのラグビーファンにとって到底受け入れられる成績ではなかった。会見場が気まずい雰囲気に包まれる中、ある記者から日本代表HC時代のメディア対応について聞かれると、「日本語は読めないので、何が書かれていたかは知りません。だから、日本の記者たちとの関係が良好だったのかもしれませんね」と言って、爆笑させた。こうした機転の利いたユーモアのセンスや大勢の人の前でうまく話す姿は、人間・エディーが持つ顔のひとつ。プロのラグビー指導者になる前は学校教師としてのキャリアを持ち、若くして教頭の職に就いた実績がある。教室や学校の行事で、多くの人たちの前で上手に話していたエディーの姿が想像できる。

南アフリカをかく乱したシプリアーニ。またしてもトラブルで警察の世話に

シックスネーションズ5位という結果は確かに現地のメディアやファンから多くの批判を浴びたが、2021、22年の不調時のような本格的な解任論には至らなかった。だが、名将は2018年夏の南アフリカ遠征に向け、このチームに新しいプレーを加えて、

チームを進化させるカードを切った。ダニー・シプリアーニという、当時30歳のSOを遠征メンバーに加えた。

シプリアーニは、その10年前に20歳の若さでテストマッチの世界へ足を踏み入れ、代表デビュー戦でいきなりマン・オブ・ザ・マッチに輝く活躍を見せた。イングランドラグビー界のゴールデンボーイとしてメディアのヘッドラインを飾った若き天才だが、その後はケガと度重なる私生活のトラブルから、代表から遠ざかっていた。飲酒運転をはじめとする酒絡みのトラブルが多く、警察の世話になったことが何度かあった。ボールが動く展開での攻撃センスはまさに天下一品で、当時の代表でSOを務めていたジョージ・フォードやオーウェン・ファレルにはできないプレーで試合を変える実力を持っていた。飲酒絡みのトラブルだけでなく、コーチやチームメイトとの軋轢も多く、クラブキャリアの中で移籍を繰り返していたのはそれが理由だったことは想像に難くない。シックスネーションズで5位に終わったチームに変化をもたらすため、そして、実際にクラブの試合で素晴らしいパフォーマンスを見せ続けていたこともあり、エディーHCはシプリアーニを南アフリカ遠征のメンバーに加えた。

2連敗のあと、最終戦を迎えた遠征。まさにジョーカーというカードを切るかのように、名将はスタメンの10番にシプリアーニを起用した。ボールが濡れる悪天候の試合ながらも、巧みなキックと意外なパスで南アフリカのディフェンスをかく乱。見事なトライのアシストとなるキックも放った。その後の代表での活躍が期待されたシプリアーニだったが、遠征からイングランドに戻ったあと、所属クラブの次シーズン前の準備合宿で、またしても飲酒時のトラブルで警察の世話になってしまった。その後、シプリアーニは二度と代表に呼ばれていない。

シプリアーニの過去のトラブルやディフェンスの悪さを当然知っていたエディーHCがそれでも代表に呼んだのだから、当時のイングランド代表は本当に大きな変化を求めていたのだろう。あるいは、名将はこの選手の攻撃センスに相当惚れ込んでいたのかもしれない。シプリアーニのトラブルには、怒りだけでなく、本当に残念な気持ちがあっただろう。

頭角を現した注目プロップ、エリス・ゲンジとカイル・シンクラー

エディーHCがよく口にしていたキーワードに、「チーム内の調和」という言葉がある。ワールドカップでは決勝戦まで7試合をともに戦い、大会前約3か月の準備期間で生活

をともにする選手たち。酒を飲んでトラブルばかり起こす奴は、どれだけ才能があっても歓迎されないだろう。

快進撃の2年間のあと、5連敗という不調に見舞われたイングランド代表。2019年のワールドカップに向けた準備期間は、乱調と言える戦績を残した。この時期に、「困難な状況でこそ、その人間の本性が現れる」と語っていたエディーHC。闘将としてのキャラクターも持つ名将は、「こんなときこそ、お前たちの精神的な強さが試される」と熱い言葉を選手たちに語り、彼らのモチベーションを保っていた。

つらい時期を抜け出すために必要な力として、闘争心がある。エディーHCが初代キャプテンとして選んだディラン・ハートリー、そのあとを継いだオーウェン・ノァレルはともに、世界トップレベルと言うにふさわしいほどの激しいプレーを売りにする、闘将型のキャプテンだった。

オーストラリアの労働者階級社会で育った、人間・エディー。日本人の母とオーストラリア人の父との間に生まれ、育った町には移民や先住民の血を引く人が多かった。何かと厳しい社会で生きていき、成功するためにはタフな精神を持っていなければならない。エディーの母親は、幼少時の名将にそんなことを言っていたのかもしれない。

チームは不調に悩まされていたが、そんな中で頭角を現す若手選手がいた。武闘派プロップという形容がよく似合う、エリス・ゲンジ。イングランド南部の港町、ブリストルで生まれ育った。町のゴロツキたちとの喧嘩沙汰に明け暮れる少年時代を送っていたゲンジは、「ラグビーが俺の人生を救ってくれた」と述べている。地元クラブであるブリストル・ベアーズでプレミアシップデビューを果たし、代表までの階段を駆け上がった選手だ。

エディーHCは、裕福層出身の選手が多い代表チームに、違った形のキャラクターと闘争心を植え込みたかったのかもしれない。生まれ育った環境がエディーと共通する点を抜きにしても、ゲンジは代表に選ばれるべき選手だ。2027年のワールドカップを32歳で迎えるゲンジは、最低でもこの大会までは現役でいるだろう。2024年秋の日本代表戦に出場する可能性も十分にある。ゲンジは格闘系プレーだけでなく、オープンプレーでも、ラン、パスとも素晴らしいスキルを備え、「器用なプロップ」としての一面を持っている。ラグビーマニアにとっては、たまらない選手だ。

ゲンジと同時期にエディーHC下で代表デビューを果たしたもう1人の注目プロップとして、カイル・シンクラーという選手がいる。ロンドン南部のワンズワースという住宅地の労働者階級家庭で育った。スポーツと言えばサッカーという環境で生まれ育ったのだが、プレーが激しすぎてチームを追い出され、母親が仕方なくラグビーチームに連れていったのが、ラグビーとの出合いだ。エディー好みのプロップだったのではないだろうか。

ただし、今後、シンクラーが日本代表を相手にスクラムを組む可能性は、あまり高くない。イングランド代表の弱点と言うよりはイングランドラグビー協会の弱点なのだろうが、海外クラブに所属する選手は「特例がない限り」代表資格がない。2024年にフランスの名門クラブ、トゥーロンと3年契約を結んだシンクラー。34歳でプロ選手として引退する決断をしたのだろう。

エディーHCのために戦おうと一致団結。選手たちと近い関係を築いていた

エディーHCを稀代の名将と呼ぶにふさわしい理由のひとつとして、チームを勝たせるためには何でもするという強烈な願望がある。不調、乱調が続いていた時期は、「すべては2019年ワールドカップのため」と語り続け、選手やコーチングスタッフは皆それを信じていた。

東海大学に始まり、サントリー・サンゴリアスとオーストラリアのブランビーズを経

由した〝名将〟としてのキャリアは、２００１年にオーストラリア代表HCにまで上り詰めた。地元開催だった２００３年のワールドカップは決勝でイングランド代表に敗れるという皮肉な結果に終わったが、ニュージーランド代表を破っての決勝進出は誰もが驚く勝利だった。２００７年には南アフリカ代表のアシスタントコーチ（コンサルタント）としてワールドカップ優勝を経験し、２０１５年には日本ラグビーの歴史を変えたHCとして知られる。勝負強さには定評がある。

「すべてはワールドカップのため」。このキャッチフレーズとともに、本番である２０１９年ワールドカップへ向けて戦う選手たちは、エディーHCのために戦おうと一致団結した。言葉の壁がなく、選手たちと気軽に話すことができ、オーストラリア人でありながら、日本と英国、さらには英国とイングランドの文化の違いを理解する。２０１５年までの日本代表HC時代は鬼HCとして知られていたが、イングランドでは選手たちと近い関係を築いていた。

ラグビーの母国であるイングランド史上2度目のワールドカップ優勝の期待を背負い、母親の母国、日本へと向かった名将。準備合宿では、２０１２年ロンドン五輪で快進撃を遂げた様々なスポーツの英国代表選手やコーチ陣を合宿に呼んだ。さらには、コーチ陣を英国空軍に送り、様々な判断力を学ばせた。その次は英国陸軍を代表合宿に呼び、選手たちに3日間に及ぶサバイバルキャンプをやらせた。ここまで徹底的に準備するHCは、誰も見たことがないだろう。

2019年のワールドカップを31人の選手で戦うという約束のもとに集まった各国の代表チーム。台風の影響で中止になる試合があったが、名将は7試合を戦う準備をしてきた。予選リーグ・フランス代表戦の中止が決定すると、チームは次の地へ向かい、試合並みの激しい練習を行った。

「すべてはワールドカップのため」。稀代の名将の人生を表現するにふさわしい言葉だろう。

第三章

2019－2020

第二黄金期

大舞台へ、サバイバルと準備は続く。

2019年9月号

ワールドカップへ向けた準備合宿が始まりました。この大会を軸とした4年プロジェクトは、いよいよ最終フェーズを迎えました。

5月中旬までプレミアリーグのプレーオフを戦っていた選手たちも合流しました。そのほかのクラブの選手たちはすでに合宿を始めていたので、そこに合流した形です（イングランドのプロ選手たちは、シーズン終了後に5週間の休暇をとることを協会から義務づけられている）。

先行部隊の選手たちは早くからフィットネス向上プログラムを開始していました。今回合流した選手たちは、そのレベルに追いつかなければいけません。ただ、それは想定済みのことなので、それぞれが準備をして合宿に臨んでいるはずです。

合宿に全選手が到着したところで、英国空軍の指導のもと、選手たちを山間部でのサバイバルキャンプに参加させました。キャンプのプログラムは、楽しい時間と厳しい時間が混在するように仕掛けました。メンバー全員で濃密な時間をともに過ごすこと自体有意義ですが、快適な状況と厳しい状況に、選手たちがそれぞれどのような反応を示すかを見ました。選手同士も、お互いのことをより深く知ることができたでしょう。貴重な経験です。いい結果が得られ、満足しています。

今回の合宿でのフィットネストレーニングは、試合での局面をより現実的に想定して取り組んでいます。質にこだわり、効率的に鍛えます。日本の暑さに備えたプログラムも、組み込みました。

今回初めて代表合宿に呼ばれた若手選手も何人かいますが、それぞれタイプに合わせ、個別にフォローしています。イングランドのトップレベルの選手たちは、若いうちからプロフェッショナルな環境でプレーしていますが、新しい環境への適応スピードというものには、やはり個人差がある。そういう背景があるので、個々に合わせて適切なサポートをする。指導者としての私の仕事のひとつです。

選手の選考に関してはコーチ陣と議論を重ねます。その途中では、必ず誰かが私の選考に異論を唱えます。

ある意味当然です。皆が皆同じ意見では、世の中、とてつもなく退屈なものになってしまうでしょう。また、自分と違う見方をする人がいるなら、なぜそういう見方をするのかを聞き、そうした意見の存在を知るいい機会です。選考に関しては最終的には私の決断ですが、こうした議論は必ず行います。

代表入りの当落線上にいながら今回スコッドに残れなかった選手たちとは、個別に話をしました。ケガ人が出たときに追加で呼ばれるのは、代表選考からギリギリで漏れた選手たち。準備の日々や大会中も常に連絡をとり、状況をチェックし続ける予定です。

ワールドカップの準備を考えたとき、北半球と南半球の国を比較すると、一般的に南半球のチームの方が準備に使える時間の点で有利だと思います。それは代表とクラブの関係性であり、その国のラグビー界の構造の問題です。代表チームが南半球と同じレベルで選手をコントロールできるのは、北半球ではアイルランドくらいです。

イングランドは伝統的にクラブの発言力が強い。だから、選手招集の調整は、マネージメント陣にとってのチャレンジです。そこは私の仕事の範囲外。イングランドラグビーの構造的な歪みとして長年存在しているので、解消するのは簡単ではないでしょう。

今年のザ・ラグビーチャンピオンシップ（ニュージーランド、オーストラリア、南アフリカ、アルゼンチンの対抗戦）は、ワールドカップ前ということで、ウォームアップゲーム程度の位置づけになるでしょう。選手の組み合わせや戦術オプションのテストのような性格が強く、全力で勝ちにいく大会とはならない。どのチームも手の内をすべて見せるのではなく、シャドーボクシングをするようなものですね。

ラグビーの戦術のトレンドは常に変わり続けます。しかし今年のザ・ラグビーチャンピオンシップが、そのトレンドに大きな影響を与えることはないでしょう。

ワールドカップ時は、日本代表の選手だけでなく、イングランドの選手たちも日本国内で注目されると思っています。門限を設けたり、そういった管理の仕方はしませんが、責任を持って行動するように言っています。国を代表してそこにいる。大会中、その責任を常に自覚しなくてはならない。

日本での大会は、選手にとって非常に貴重な経験になるでしょう。せっかくだから日本を十分楽しんでもらいたい。ただ、越えてはならぬラインがどこなのかをしっかり認識すべきです。その線の手前であれば、自由に過ごして構いません。

日本ラグビー協会は現在、新しい組織として生まれ変わろうとしているようですね。協会内部の細かい話は知りませんが、この変化が、日本ラグビーがよい方向へ向かうきっかけになれば、素晴らしいことです。

多くの外国人がワールドカップを、日本を訪れる。これを機に日本がより魅力ある国になれたらいいですね。

最終フェーズも目的を明確に過ごしています。

2019年10月号

ワールドカップイヤーの8月。世界各地の出場チームは、最後の仕上げとなるウォームアップゲームを、それぞれの思いで戦っています。我々にとっては、ウォームアップゲームは4試合のプロセスであり、最初の2試合は、実験色の濃い戦いをしました。選手の選考もそうですし、戦術についてもそうです（イングランドは、4試合行うウォームアップゲームの最初の2試合をウエールズとホームとアウェーで戦い、1試合目は33―19、2試合目は6―13。1勝1敗で終えた）。

2試合目は敗れましたが、内容に関しては素晴らしいものでした。前半は若手中心のメンバーでスタートし、中には初めてテストマッチを連戦で戦う選手もいました。後半からは主力を投入して勝ちにいき、ウエールズに大きなプレッシャーをかけましたが一歩及ばなかった。しかしこれは、ウォームアップゲームのシナリオとしては有意義なものです。

ウエールズのホームであるカーディフのプリンシパリティ・スタジアムは素晴らしいラグビー場ですが、アウェーの雰囲気がどうだったとか、そういう問題ではありません。ホームで戦うときに、地元サポーターの熱烈なサポートを受けられるのは結構なことですが、テストマッチでは必ずアウェーで戦う日がある。アウェーの雰囲気で実力を発揮できなくなるような選手は、そもそも代表に呼びません。

ヘッドコーチ（以下、ＨＣ）という立場からすると、ワールドカップではベストのチームを選ぶのに対し、ウォームアップゲームには、『選手のコンビネーションなどを試す』という視点で挑みます。現在世界各地で実施されているウォームアップゲームを見てみると、我々のように明らかに若手のテストのためにこの機会を利用しているチームが大半。このタイミングでベストメンバーを組んでいるチームは限られています。

また、ウォームアップゲームとは言ってもテストマッチである以上、ワールドランキングに影響を与えますが、今、これを気にするのは、ナンセンスです。ワールドランキングを気にする必要がある唯一の機会は、ワールドカップの予選抽選会前のランキング。ここへ向けたランキングの上下は大事ですが、抽選会からワールドカップ本番までのランキングは、何の意味も持ちません。

実際、ワールドカップの結果でこのランキングは大きく上下動し、大会終了後には、新たな4年サイクルが始まる。そしてこのサイクルの最初の2年間は、抽選会に向けて各国がランキングを上げるためにしのぎを削る。その後の2年間は、ランキングなど気にせずに、本番に向けてチームの強化を進める。現在、世界のラグビーはこの4年サイクルの最終フェーズ。ランキングが何の意味も持たない状況にあります。

次戦のアイルランド戦もウォームアップゲームのひとつにすぎませんが、この試合はこの試合で、また独自の役割を持っています。

例えば、主力メンバーの1人であるジョニー・メイ（WTB）は最初の2試合でプレーしていませんし、オーウェン・ファレル（SO／CTB）もまだ20分しかプレーしていない。マロ・イトジェ（LO／FL）も1試合目はプレーしていません。ジェイミー・ジョージ（HO）も2試合目に20分しかプレーしていないし、マコ・ヴニポラ（PR）もまだプレーしていない。マヌ・トゥインランギ（CTB）も2試合に途中出場しただけ。4試合のプロセスであるウォームアップゲームは、これから後半戦に入り、主力選手たちに出場機会を与えるよう、選考のプライオリティが変わります。

南半球に目を向けると、オールブラックスは、かつてのダントツの実力はないようにも見えますが、やはり素晴らしいチームです。オーストラリアは、ウィル・ゲニア（SH）、カートリー・ビール（SO／FB）など、個人のタレントが揃ったチーム。何より、オーストリアはワールドカップ本番に強いので、今回もいい成績を残すのではないでしょうか。

南アフリカは、伝統的な強力FWのチームになっているように見えます。原点であるパワーゲームを前面に押し出して戦ってくるでしょう。アルゼンチンも、オーストラリアのように本番に強いチームです。ザ・ラグビーチャンピオンシップでの戦績が振るわなくても、ワールドカップ本番で、見違えるようなパフォーマンスを見せる可能性もあります。

日本代表は8年ぶりにパシフィック・ネーションズカップで優勝したようですが、この結果だけを見て、ワールドカップに対して過剰な期待をするのはやめた方がいい。8年前にこの大会を制した日本代表のワールドカップでの戦績は、どうでしたか？

ただ、確かに日本は強くなっています。例えば、当時はまだ大学生だった福岡堅樹（WTB）は、完成したテストプレーヤーになった。私は当時、それを見越して彼を代表に呼びました。リーチ マイケル（FL）も現在30歳と、FW第3列としてキャリアのピークを迎えています。

日本のサポーターには、イングランドを日本に次ぐ第2の国として応援してもらいたいですね。日本代表の試合がない日は、イングランド代表の試合を応援しに来てください。

準備万端。私が選んだ31人と、戦いに挑みます。

2019年11月号

31人のワールドカップ・スコッドを早々に発表しました。実験的要素も含めた4試合のウォームアップゲームを実施し、高温多湿のイタリア・トレビゾでの合宿も終了。準備万端の状態で日本へ来ました。スコッド選考は困難を極めましたが、１００パーセントの自信を持って選んだ31人です。

私がイングランド代表ＨＣになって最初の１、２年は、イングランドにはテストマッチレベルの本職のオープンサイドＦＬがいないという状況がありました。その頃活躍していたクリス・ロブショウとジェームズ・ハスケルは、ともにブラインドサイド型のＦＬ。２人を同時に起用した試合も多くありました。しかしそれは、オープンサイド型のＦＬがいないのであれば、多少スピードが欠けようとも、パワフルな２人を配置して戦えばよい、との結論に達したためでした。ロブショウ、ハスケルを同時に起用するケース以外でも同様に、オープンサイド、ブラインドサイドのタイプにこだわらず、力のある２人を起用するプランで対応していました。

しかし今回、ワールドカップ前のウォームアップゲームでは、21歳のトム・カリーと23歳のサム・アンダーヒルという、ここ1、2年で急激に頭角を現してきた、2人のオープンサイド型FLを同時に起用しました。ワールドカップへ向けたテストのためです。結果、その組み合わせも、自分たちのオプションのひとつになるということがわかりました。『カミカゼ・キッズ』とも言える、自らの危険を顧みないような体を張ったプレーが信条の若い選手たちですが、2人の同時起用は武器になることもあります。

話題を呼んだ選考のひとつに、32歳で初代表入りとなったSHウィリー・ヘインズの選出があります。彼はニュージーランド生まれで、この夏に初キャップを得ましたが、プロ選手としての経験は十分です（グロスター所属）。試合を早く動かすタイプのスピーディーなSHではなく、落ち着いて試合をコントロールする。そんな働きを期待しての代表入りです。試合の後半に、落ち着いた展開に持っていく術をよく知っており、チームメートをオーガナイズし、リードする能力にも長けています。

今回の選手選考はオーソドックスではない点もあり、何かと話題を呼びました。確かに、リスクをとっての選考であるという点は間違いありません。

それぞれの代表チームにそれぞれの事情があり、それぞれに31人の選考の仕方があるでしょう。私が今回選んだ31人は、SHが2人、SOが2人、専門職のNO8が1人という編成です。PRに関しても、タイトヘッドはダン・コールと、カイル・シンクラーの2人。要するに複数のポジションをこなせる、器用なタイプの選手を多く含んでいるという編成です。

PRでは、本来はルースヘッドのジョー・マーラーがタイトヘッドもこなせるように鍛えています。SOには、CTBとして選ばれているピアース・フランシスが緊急カバーとして入ることも可能です。また、SOとしてリストに入っているジョージ・フォードが、緊急時にはSHに入ることも考えられます。

ローテーションレベルで起用を変えられるポジションでは、エリオット・デイリー、アンソニー・ワトソン、ジャック・ノーウェルらがWTBとFBの両方でプレーすることができます。NO8はビリー・ヴニポラだけでなく、主にFLでプレーするマーク・ウィルソンとルイス・ラドラムも、このポジションに入ることができる。

7試合を戦い、すべて勝ちにいくのがワールドカップという大会。この過程の中で、負傷する選手、調子を落とす選手、逆に調子を上げる選手もいるでしょう。

そういった数々のシナリオに、いかに柔軟に対応できるか。それが大会を勝ち抜く上で非常に大事なポイントになります。

今大会は私にとって、HCとして迎える3回目のワールドカップです。どれだけ経験を積んでも緊張する場面というものはありますが、やはり経験は財産。準備をする上で助けになります。

２００３年のオーストラリア大会では、地元開催の自国出身代表ＨＣという立場でした。２００７年の南アフリカ大会と日本代表を率いた２０１５年大会（イングランド開催）では外国人指導者として、それぞれ（南アフリカ代表）テクニカルアドバイザー、ＨＣとして関わった。そうした経験の中で私は、選手やコーチ陣に対し、いろいろなことを教えてきたと自負しています。そして同時に、多くのことを学んだ。今回の大会の準備においても、これまでの経験が多く活きています。

日本での大会という点には特別な思いがあります。選手たちのオフの過ごし方は個人の好みや趣味によりますが、コーチングスタッフたちに関しては、事前に何度か一緒に日本を訪れ、ここがどんな国なのかを体験させてきました。

結果というものはコントロールできません。しかし、どこまで準備するかという点については、できる限りのことをやってきた。

準備万端で本番を迎えました。

日本が世界に認められるのは私にとっても誇りです。

2019年12月号

史上初のアジアでのワールドカップも、残り僅かとなりました。いろいろな点で、これまでのワールドカップにはなかったようなことが話題となり、非常にユニークな大会になっています。

まず、大会期間中の日本の天候。特に大会序盤は高温多湿で、選手たちは試合中、大量に汗をかいた。それによってボールが濡れて滑りやすくなる条件下での試合となりました。当然、両チームが同じ条件下で戦います。その条件にいかにうまく適応するか。その要素が勝負に加わりました。

私はこうした日本の状況も知っており、しっかり準備を重ねてきた。イングランドの選手たちはうまく対応できたと思います。

それから、台風による試合中止もまた、グループステージ終盤の大きな話題となりました。被害に遭われた方たちには、謹んでお見舞い申し上げます。

この影響で、我々の予選リーグ最終戦、フランス戦が中止になりました。仕方のないことです。我々大会の参加者は、手持ちのカードで最良の手を打つよう全力を尽くすことしかできません。

今回、我々にここで配られたカードは、フランス戦が中止になるというものでした。予想もしていなかった事態ですが、我々は日本でのワールドカップにおいて、どこで何が起こっても最善の結果を出せるよう準備を重ねてきました。結果として1試合戦う機会を失ってしまいましたが、その代わり、宮崎で非常によいトレーニングを2日間やれました。

試合グラウンドのコンディションやトレーニング施設については、これまでの大会と同じく、最高の水準が保たれていると思います。全般的な大会運営や海外からのチームを受け入れる皆さんの歓迎も素晴らしく、どのチームからも好評なのではないでしょうか。

この大会を通じて、日本は、ひとつのラグビー大国になろうとしていると言っても過言ではありません。ワールドラグビーをはじめ世界のラグビーコミュニティーは、ラグビーを世界のより多くの人々に広げようと努めています。日本はその動きを助ける役割を今大会で見事に果たしている。個人的に日本と強い繋がりを持つ私は、誇らしく思います。

日本代表は、非常に素晴らしいパフォーマンスを見せていますね。ジェイミー・ジョセフHC、トニー・ブラウンコーチという、世界トップレベルの指導者のもとで強化を重ねてきた成果でしょう。スーパーラグビーで、継続的に高いレベルでの試合経験を積んできたのも大きな要因だと思います。日本の実力は現在、ティア2のトップからティア1レベルへと移行しているように見える。その結果、日本はより有効な強化策を実行することが可能になっていくと思います。

これは世界と日本のラグビーのマネージメント層が決めることですが、日本は、ザ・ラグビーチャンピオンシップなど、レベルの高い国際大会へ参加する意欲を持っていると思います。今回のワールドカップでのパフォーマンスを見れば、そのような方向性も当然でしょう。

今大会での日本の活躍により、子供たちがラグビーを始める環境がもっと増えるといいですね。ラグビーに限ったことではありませんが、スポーツは健全な心身と闘争心を育てる。日本はすでに世界有数の経済大国で、世界の多くの国々と交流を持っています。ラグビーが日本のさらなる国際化の助けになるなら、それは素晴らしいことだと思います。

今回は日本での大会ということで何かと特別な部分があるにせよ、やはりいつものメディア狂想曲というものも存在します。特に、大きな試合の前に、HC同士の個性を比較してそこから話題を作ろうという動きもある。私もその対象にされることがあるのですが、正直、気にとめていません。試合は、ふたつの国を代表するチーム同士の戦い。HC同士の戦いではないのですから。

今大会中、私が選手時代を過ごしたシドニーのランドウィッククラブの父とも言える存在だった、ジェフ・サイル氏が亡くなりました。彼は多くの選手を育てただけでなく、指導者の育成にも熱心で、素晴らしいラグビー人でした。

オーストラリア代表HCのマイケル（チェイカ）も私も、そのほかの多くのランドウィックRFCのメンバーと同じく、彼に非常に大きな影響を受けました。一度でも彼に会った者は、その後も決して彼のことを忘れることがない。それぐらい強い個性と、大きな人間性を持った人でした。

オーストラリアのラグビー界にも大きな影響を与えたジェフ氏の功績を称えるとともに、心から冥福を祈ります。

「新たな4年」の始まり。すぐに動き始めます。

2020年1月号／特別篇

日本でのワールドカップが終わってイングランドへ戻れば、また次の仕事が私を待っていました。

RFU（イングランドラグビー協会）へ大会終了報告をして、直ちにバーバリアンズのHCの仕事に取りかかりました（11月16日＝フィジー、20日＝ブラジル、30日＝ウエールズ）。

バーバリアンズの試合が、ワールドカップの2週間後に予定されていることは最初からわかっていました。それを理解した上で受けた仕事です。別に何の支障もありません。ワールドカップの決勝まで日本に残り、その後イングランドへ戻る。そして、トゥイッケナムでの試合へ向けてチームを作るつもりでした。

日程的にやや忙しくなってしまいましたが、この仕事を受けられたことは、非常に光栄だと思っています。

バーバリアンズというチームは、ラグビーのコアバリューを世界のラグビー界で保っていくために、大きな役割を果たしています。このチームには、世界中から若手、ベテランを問わず、様々なバックグラウンドを持った選手たちが集まります。グラウンドの内外で選手、スタッフは新しい人間関係を築き、ラグビー人として、この友情をいつまでも保っていく。

ワールドカップで優勝した南アフリカ代表からも、3人ほど来てくれました。いい選手を指導するということは、指導者としての私にとっても新しいことを学ぶ機会です（第1戦の結果は31―33）。

ワールドカップ決勝、準備が違っていれば

ワールドカップの決勝は、確かに悔しい結果でした。今振り返れば、選手の選考や試合へ向けた準備で私が違った決断をしていれば、違う結果になっていたかもしれません。

今回のワールドカップでは、我々は毎週選手たちをリフレッシュさせるという点で、非常にうまくできたと思っています。ですが、決勝の前週、このプロセスを少し間違ってしまったかもしれない。

準決勝のパフォーマンスがあまりにも素晴らしかったので、選手を変えずに決勝戦に挑

みました。これが、私の間違った判断だった可能性がある。チームが試合に負けるのはHCの責任ですから、私が何を誤ったのかと考えると、そういったことが頭に浮かびます。ただ、もう終わった話。後悔したり、無駄に悔しさを引きずったりはしません。過去を悔やんでも、時間の無駄以外の何物でもありません。

忘れてはならないのは、大会を通して、イングランドは素晴らしいパフォーマンスを見せることができたということです。決勝の勝敗だけですべてを評価し、そこまでのパフォーマンスを忘れてしまうのはおかしな話です。

今回のワールドカップへ向けた4年のサイクルを見ても、アップダウンが激しかったと見る人もいるようですが、２０１６年以降の勝率は、ほぼ80パーセント。テストマッチ18連勝というイングランドラグビー史上最高の記録も生まれました。

決勝で敗れた以上、私個人としては満足はしていませんが、このチームが見せたパフォーマンスが称賛に値することは間違いありません。

グラウンドを離れたところでも、選手たちは日本でたくさんの想い出を残すことができたようです。

特に、温泉は選手たちに好評でした。日本では千年以上前から人々が温泉を楽しんでいたとのことですが、私も大会中、何度か温泉に入る機会がありました。様々な成分が含まれており、体によく、リラックスするためには非常に効果的なものだと思いました。

現職の契約延長の話は、まだ

私のイングランド代表ＨＣとしての仕事は、現状の契約では２０２１年までとなっています。次のワールドカップがある２０２３年までの延長の話についてよく聞かれますが、ビル（スウィーニー／ＲＦＵのＣＥＯ）から直接詳細を聞いたわけではないので、私は知りません。

ジャーナリストたちは、ヘッドラインを飾るためにその話をしたいのでしょうが、私は現在バーバリアンズの仕事で忙しく、この話につき合っている暇などありません。

本当に具体的な話があるのなら、話すべきときに話すべき人と話し、考えるべきときに考えます。

ワールドカップの決勝で敗れたことが代表ＨＣとしての再挑戦のモチベーションとなるわけではありませんが、実際に具体的な話があれば、（契約延長の件は）考えます。

私はラグビーの指導者としての仕事をこよなく愛していますし、毎日、よりよいコーチングをすることに大きなモチベーションを感じています。ワールドカップを戦う代表チームであろうと、クラブチームであろうと、何も変わることはありません。

サントリーとは、これまで通り

日本でも、これまでのようにサントリーに関わっていきたいと思います。チームから正式な発表が出たことでニュースになっているようですが、これまでの関係と特に大きな違いはありませんよ。イングランド代表HCの仕事との両立が可能な範囲で、サントリーのサポートをします。

都合が合えばグラウンドに出て、選手を直接指導します。練習着を着てグラウンドに出て選手とコミュニケーションをとる。それは、HCとしての仕事のコアとなる部分です。日本は私にとって特別な国。これからも日本でラグビー選手の指導をしていけるのは、非常に幸運なことです。12月には休暇も兼ねて日本へ行くので、サントリーの仲間たちとも会う予定です。

ワールドカップ中には、サントリーのSH、大越元気にイングランド代表の練習に来てもらい、いろいろと手伝ってもらいました。普段から練習をともにしているメンバーとは違う動き、違うエネルギーをグラウンドに持ってきてくれた。うちの選手たちにもいい刺激になりました。元気にとっても、世界トップレベルの選手たちと一緒に練習できたことは、よい経験になったと思います。

日本代表には、これからも注目していきます。サントリーの選手たちが、これからも代表チームにおいて重要な役割を果たしていくと思いますからね。

今回のワールドカップでは日本国内でラグビーが注目されただけではなく、世界のラグビー界で日本代表というチームが大きな注目を集めました。ラグビーに限らず、スポーツの代表チームが国際大会で活躍するというのは、そういうことです。多くの人が見つめるテストマッチに勝つことが大事なのです。

これからも日本国内でのラグビーというスポーツ、世界のラグビー界での日本ラグビーという存在は、大きな注目に値するでしょう。

来年の夏には、大分と神戸で日本代表とテストマッチを戦う。私は新チームとなったイングランド代表を率いて日本を訪れます。

ワールドカップの翌年は、次の4年サイクルの1年目のフェーズ。双方ともに、来年のチームはワールドカップとは別のチームとなるでしょう。両チームともに若手を含んだ戦いになるかもしれませんが、ひとつだけ確かなことがあります。我々が、日本代表を甘く見るようなことは決してない。

2018年秋のテストシリーズ（トゥイッケナム）で日本代表が見せたパフォーマンスは、イングランドのラグビー人であれば誰もがよく覚えています。

あの試合で、私はいろんな実験をしました。ワールドカップでの中3日の日程のリハーサルとして、試合前週の練習日をあえて少なくしました。スタメンには経験の浅い若手を配置した。その結果、前半は日本代表に10―15とリードを許す展開になった。

ワールドカップ本番への実験としての試合だったとはいえ、当然、負けるわけにはいきませんでした。後半に主力を投入し、最終的には35―15でイングランドが勝った。甘く見ることのできる相手ではないと、この時点でもわかっていました。

7月には日本で2勝します

来年の夏に日本へ行く私やイングランドの選手たちには、2戦2勝以外は何も見えません。

我々が最後に日本で戦った試合（ワールドカップ決勝）は、残念ながら負けてしまいました。相手チームがどこであろうとイングランド代表の日本での敗戦は、一生に一度で十分です。来年の日本代表ＨＣが誰なのかは私の知るところではありませんが、まあ頑張ってください。それだけ言っておきましょう。

来年の秋に日本代表が行う欧州遠征（11月14日にスコットランド代表、同21日にアイルランド代表と戦う）は面白そうですね。

アイルランド代表、スコットランド代表ともに、ホームで闘志を燃えたぎらせるでしょう。ジャパンが、このアウェーゲームにどのような形で挑むか。世界のラグビー界が注目する試合です。今大会のワールドカップでラグビーを好きになった人たちも見つめるでしょう。

日本ラグビーにとって、この先の数年はとても大事な時期です。プロリーグ、既存の有名チャンピオンシップへの加盟など、話題になっていますね。こうした動きに私が直接関わることはありませんが、サントリーの一員として、興味深く動向を見守りたいと思います。

ワールドカップを終え、世界のラグビーは、また次の4年サイクルに入ります。選手の移籍、HCの交代など様々な動きがあるようですが、イングランド代表HCとしての私の次の試合は、シックスネーションズ初戦のフランス戦。

バーバリアンズ戦後の束の間の休息を経て、すぐに準備に取りかかります。

コーチたちが請われて方々へ。それも私の仕事のひとつ。

2020年2月号

ワールドカップは終わりましたが、現在の契約では2021年までイングランド代表の指揮を執ることになっています。この契約延長を合意した最大の理由は、イングランドの選手たちは2019年以降もまだまだ伸びる可能性を感じていたからです。

今年のワールドカップに参加した選手たちは、イングランドラグビーの歴史上でも、もっとも若いチームのひとつです。このチームのベストは、まだこの先にある。そうした思いから、契約延長に合意しました。今回日本に連れていったメンバーの6割は次のワールドカップまでキャリアのピークであり続けることができると思います。代表へのハングリーさと、クラブでいいプレーをし続けるという条件を満たした上でのことですが。

いずれにせよ、テストラグビーの新しい4年のサイクルが始まります。4年前に私がイングランド代表HCの仕事を始めたときに比べれば、現在のイングランドラグビーへの理解は深まりました。ただ、仕事が簡単になったということはまったくありません。

代表HCの仕事は常にタフです。特にイングランドの場合はなおさらです。長く、ハードなワールドカップを戦い抜いた選手たちの中には、来年2月から始まるシックスネーションズでプレーできない選手がいるかもしれません。

イングランドの12月は、クラブシーズンの真っ只中。代表選手たちの動きを見るために毎週試合会場を訪れていますが、やはり勝っているチームの選手たちは、エネルギーに溢れ、フレッシュに見えます。逆に負けが込んでいるチームの選手は、疲れているように見えますね。

多くの代表選手を輩出するサラセンズが、サラリーキャップ違反でリーグから減点処分を受け、降格争いに巻き込まれる可能性があります。クラブでの試合で、感情面も含めてエネルギーを使い果たし、代表でいいプレーをできなくなる選手が出てくることも考えられる。代表HCとして、いろいろと心配なのは間違いありません。

毎週クラブの試合でしのぎを削る選手たちの中からシックスネーションズを戦う代表選手を選びますが、2割程度は新しい選手を招集すると思います。テストマッチを戦う以上、常に目の前の試合に勝つことに全力を尽くすべきですが、新しい4年の中で、次の世代に機会を与えることも忘れてはいけない。バランスをうまくとるのが、代表HCの仕事です。

ワールドカップでの準優勝という結果から、来年のシックスネーションズではイングランドが本命と見られるかもしれませんが、特にこれに対するプレッシャーを感じていることとはありません。イングランドは競技人口の多さや、代表強化予算の大きさから、常に周囲のチームから注目を浴び、プレッシャーもつきまとう。ただ、前評判は特別なプレッシャーになどならない。我々は、常にもっとも強烈なプレッシャーに晒されながらプレーしていますから。

イングランド代表では、ともに戦ったコーチ陣がほかの仕事に就くなど人の動きがありました。新しいコーチングスタッフの獲得のために動いています。これも、4年サイクルの動きの一環です。私は幸い、この業界に多くのネットワークがあるので、これまでも様々なスポットコーチを世界中から私のチームに集めてきました。人脈も、代表HCとしての腕のひとつです。

これまでスクラムコーチを務めていたニール・ハトリーは、プレミアシップの名門クラブ（バース）のHCとして引き抜かれていきました。スコット・ワイズマンテル（攻撃コーチ）はオーストラリア代表をサポートします。現在契約交渉中のスティーヴ・ボーズウィック（FWコーチ）も、HCとしてクラブチームに行くかもしれません。

私のもとでアシスタントコーチとして働いている者が、ほかのチームからその実力を認められずに誘われないようなら、私は正しいコーチをアシスタントとして選んでいない。あるいは、正しい経験をさせていないということになります。HCとしてコーチたちに、チームを率いる経験とスキルを与えるのも私の仕事。巣立っていくコーチたちには、新しいフィールドで、存分に実力を発揮してもらいたいですね。

世界のラグビーを見てみると、ニュージーランド、オーストラリア、南アフリカなどで新しい代表HCが就任します。各地で新しいHCが、新しい選手をチームに招集していく。新しく指揮を執る人たちは、自分が目指すラグビーのスタイルを自然と選手選考に反映させていくものです。世界のラグビーはワールドカップを節目に、変化し続けます。

12月には日本に戻る予定です。グラウンドに出てサントリーの選手たちを指導するのが楽しみです。イングランド代表の仕事がないときに限りますが、新HCのミルトン・ヘイグとは個人的に知る仲。今後も随時連絡をとることになると思います。

サントリーの仕事は、あくまでイングランド代表の仕事がない、休暇時の楽しみ。日本での休暇が楽しみです。

日本には、いいメンバーで行きますよ。

2020年5月号

今年のシックスネーションズは、（3月14日に予定されていた）第5節が新型コロナウイルスの影響で延期（実施時期未定）となり、イングランドは第4節を終えた時点で3勝1敗（フランスも）。ボーナスポイントと得失点差で、我々は暫定1位の座についています。

しかし、現時点での出来に満足しているかと聞かれれば、答えはノーですね。そもそも、私はそう簡単には満足しません。ただ、この4試合を通じてチームが成長したかと聞かれれば、それは間違いなくイエスと答えることができます。

今大会の準備期間から新しいコーチ陣（スクラム担当のマット・プラウドフット、BK担当のサイモン・エイモーなど）が代表チームに加わりましたが、そのパフォーマンスはまだまだです。特に、コーチ同士のハーモニーという点で大きな改善の余地があります。様々なバックグランドや視点を持った人材が、ひとつの大きな目標に向かって、シナジー効果を生み出すような形で協働する。それが理想です。

現在のところは、正直言って必要とされるレベルに達していません。ラグビーというのは複雑なスポーツで、人によって様々な見方や解釈が存在します。新しいコーチ陣もラグビーに対して様々な見方を持っています。それ自体は歓迎ですが、何かしら一貫性を持ったメッセージを選手に伝えることも必要です。そこを改善しないといけない。

昨年のワールドカップを戦ったコーチ陣と比べると、現時点ではだいぶ落ちます。しかし、代表コーチ陣の完成度もワールドカップを軸にした4年サイクルの一部。しっかりと磨き上げていきます。

今大会のこれまでの4試合を振り返ると、初戦で敗れたフランス戦は残念な出来でしたが、アイルランド戦（前半を17―0で折り返し、24―12でイングランドの勝利）とウエールズ戦（前半を20―9で折り返し、33―30でイングランドの勝利）の前半のパフォーマンスには、光るものがありました。

この2試合の前半は、スピードのある展開でスペースをコントロールしました。プレーの正確性と攻撃性も素晴らしかった。こうしたゲームの基本となる部分を高いレベルで実行できれば、自然と素晴らしいラグビーになります。

両試合とも、特にウエールズ戦は後半に追い上げられましたが、これは１００パーセントの力を80分間維持することがいかに難しいかを物語っています。

「80分間全力」という言葉はよく耳にしますが、実際にグラウンド上にいる15人が80分間

１００パーセントの力を維持するのは簡単ではありません。後半に選手を入れ替えたとしても、完全な状態を試合の最初から最後まで維持するのは非常に難しいです。

　前半叩かれた相手は、大抵後半に戦い方を変えてくる。どう変えてくるか？　それに対して、どう対応するか？　あるいは、相手の戦い方の変化など気にせずに、同じ戦い方をすべきか？　後半には様々な要素が加わるので、試合が姿を変え、別の生き物になってしまうことがある。特に、ウエールズ戦の最後の20分間は反則が多発するなどパフォーマンスが落ちてしまいました。土俵際で何とか耐える展開でしたが、とにかく勝ったことを評価し、反省点を消化していきます。

　今大会では、選手を普段とは違うポジションで起用したこともも注目されたようですね（アイルランド戦では、プロレベルではＣＴＢでしか出場したことのないジョナサン・ジョセフをＷＴＢで起用。ＦＬのベン・アールズにＷＴＢの練習をさせるなど、話題となった）。

　現代ラグビーの特にＢＫでは、ポジションごとの役割の違いというものは小さくなってきています。そのポジションの典型的なプレーだけをこなしていればいいというのは古い考えで、今の選手たちは試合中に、より多くの役割をこなさないといけない。

　ＦＷの前５人やハーフバックのような専門スキルというものは存在しますが、現在のシックスネーションズはプレーの40パーセントがストラクチャー、60パーセントがアンストラクチャー。ボール、敵、味方選手のすべてが動いている状況下で、個々がいかに正しいプレーを選択し、実行するかが勝負になる。そうした中で、例えばWTBだから、とりあえず端っこにいようという考えは、まったくのナンセンスです。

ユーティリティプレーヤーになれるタイプの選手と、スペシャリスト型として固定ポジションで使った方がいい選手がいることも忘れてはいけません。個々の特性を理解し、適切な強化をすることが必要です。

新型コロナウイルスの影響で、我々の最終節のイタリア戦は、秋以降に延期となりました。これはもう、仕方がないとしか言いようがありません。自分の力でコントロールできないことで大騒ぎするのは、時間とエネルギーの無駄です。

これにより、次の我々のテストマッチは大分での日本代表戦。ワールドカップイヤー翌年であることから（イングランドでは2度のツアーに出る場合、その間にクラブと代表で20試合以上出場している選手は休まないといけないという規定があることから）、この遠征では、若手組が中心の構成になると言われているようですね。

ですが、これはテストマッチ。ベテラン、若手に関係なく、我々はとにかく勝てるメンバーを連れて日本に行きます。欧州勢相手の戦いから頭を切り替え、早速準備を始めます。

2023年まで契約を延長しました。今は「考える時間」。

2020年6月号

世間は新型コロナウイルス問題で大変なことになっています。私は日本で時間を過ごしています。

イングランド代表強化のことは常に頭の中にある。しかしシックスネーションズ延期以降、選手たちはクラブの管轄に戻っているので私が直接指導する機会はありません。この点で、私が日本にいようが、ロックダウン状態にあろうが、関係ありません。

代表HCとして選手を直接指導できる時間は限られています。制約のある中でテストマッチで結果を出す。それが私の仕事です。今に始まったことではありません。

通常、代表活動がないときは、クラブの試合を視察したり、次のテストマッチへ向けた準備をするものです。しかし現状では、次のテストマッチがいつになるかわからない。これは、強化において大きな不確定要素です。

ただ、世界を取り巻くこの状況は、私がコントロールできる範囲の外のこと。通常の生活に戻ったとき、すぐに対応できるように、柔軟に計画を立てるのみです。世界最強チームを作るには、どんな状況でも、日々前進していくことが必要です。

東京での私の典型的な1日は、朝5時に起き、新宿近辺でのジョギングから始まります。その後、午前中は関係者とのオンライン会議に参加したり、今後のラグビーの行方について有識者と話をしたり、そういった時間を過ごしています。

昼休みをとったあと、午後からはイングランドのコーチ陣と話し、チームの向上についての計画を練っている。日常の過ごし方は、特別普段と変わっていません。グラウンドで直接選手を指導する以外の仕事は、リモートでもかなり対応できます。

混乱期の中、イングランド代表HCの契約を2023年まで延長することになりました。契約延長の大きな理由は、このチームはもっとやれる。そういう可能性を感じているからです。

代表選手たちのポテンシャルを見れば、2023年までに、必ずよりレベルの高いチームにすることができる確信がある。私自身、チームから必要とされている。そんな実感が持てることも、大きな要素です。

HCとして私がいい仕事をしていないようなら、選手たちからその感覚は伝わってくるものです。幸い現在のチームからは、私はHCとして必要とされていると感じます。

ワールドカップ優勝を目指しています。ただ、過剰に先を見るのは私のポリシーではありません。次の試合で、より高いレベルのパフォーマンスを見せることが最大の目標です。それを続けていけば、結果は必ずついてくる。世界一のチームを指導するという私の願望は、少しも薄れていません。

世界のラグビーは、ワールドカップを軸に4年サイクルで回っています。2023年大会をターゲットにするなら現在は4年サイクルの最初の年。選手層を厚くするため、若手の発掘などを行う時期です。

現在の主力選手でも、様々な理由で、世界トップへ向かう強い気持ちが薄れてしまう時期があるかもしれない。人は、張り詰めた日々をそう長くは保てない。ケガや、スランプに陥ることもあるでしょう。それが現実なので、最高のコンディションにある選手だけで試合を戦うには、それなりの数の選手をプールしておく必要がある。

これらの要素に加え、多くの戦術パターンを用意し、一つひとつの戦術精度を高めていく。そして、戦い方のバリエーションを磨いていくプロセスに、選手の起用法という大事な決断が加わります。こうして計画を立てていくと、4年という時間は、あっという間に過ぎてしまいます。

イングランド代表は、7月に日本への遠征を予定していましたが、現状ではこの時期の遠征は難しい。ツアーは10月に延期してでも実行するという案もあり、RFU・CEOのビル・スウィーニーとはこの件について少し話しました。

ただ、すべてのことは「案」であり、最終決定には越えなければならない壁がいくつもあるようです。日本への遠征は個人的にも楽しみにしているので、日程を変更してでも、実行されることを祈っています。

在宅を余儀なくされている選手たちには、規則正しい生活をしてほしい。トレーニングのルーティンというものを持ち、体力の維持に努めることが必要です。

シーズンがいつ再開されるかわからず、給与カットなどの措置で不安を抱える選手が多いと思いますが、こんなときだからこそ、日々のルーティンが求められる。

考え込んでしまうことの多い今こそ、無心にトレーニングに励む時間が心の支えになるものです。

コミュニケーションは「密」。戦う準備を整え続けます。

2020年7月号

例年なら、5月と言えば初夏の気候の中、プレミアシップは終盤を迎え、プレーオフが行われる季節。それぞれのクラブのために、選手たちは、シーズン最後に死力を尽くします。

それを観るのは、まさにクラブラグビーの醍醐味です。通常であれば、私は当落線上の選手も含めた代表クラスの選手たちの動きを観るため、試合会場に足を運んでいます。

しかし今年はコロナ禍により、それどころではありません。

私は選手たちを観にいくはずだった時間を、ほかのいろいろなことに費やしています。

もっとも力を入れて取り組んでいるのが、代表チームのコーチ陣との認識合わせです。

このコラムを読んでいる日本のファンの皆さんはご存知かと思いますが、昨年のワールドカップ後、イングランド代表のコーチ陣は入れ替わりました。シックネーションズの準備は突貫工事のようなものでした。だから、コーチ陣の認識合わせにはまだまだ改善の余地があります。

　イングランド代表というチームがどのような戦い方をしようとしているのか。今、密なコミュニケーションですり合わせています。密なコミュニケーションと言っても、私は現在日本に滞在しているので、オンライン会議の形で実施しています。

　プレミアシップ中断により代表入りへのアピールを失ってしまった選手たちは、リーグがまた動き出したときに、実力を存分に見せてほしいですね。

　リーグ再開がいつになるのか、さらには次のテストマッチがいつになるのか。それらは私のコントロール外です。ただ、試合が行われるならば、すべては自分次第。試合の準備を進めるコーチ陣、プレーする選手たちは、言い訳無用の勝負の世界に戻ります。

　戦いの結果は自分たちのコントロール内のもの。ラグビーが再開されたときにいいプレーをするため、今できることをやるのみです。

　選手たちとは、テキストメッセージ、通常の電話やテレビ電話でコミュニケーションをとっています。これは、今に始まったことではありません。

　代表には、私の自宅があるロンドンから離れた地域のクラブに所属する選手も多くいるので、私が今東京にいようと、ロンドンにいようと、特に変わりはありません。時差を考慮して予定を組めばいいだけの話。選手たちの状態は、普段通りに把握しています。

　ただ、ロックダウン中でもキッチリとフィットネスを保っている選手もいれば、そうでない選手もいます。イギリスでは、社会全体で大きな生活スタイルの変化を強いる状態が続いています。うまく適応できる人もいれば、この生活に苦しむ人もいる。体調や精神面での調子を保つために苦しんでいる選手がいれば、私を含めたコーチ陣は可能な限りのサポートをします。

何かと話題を呼んでいるジョー（・マーラー。シックネーションズのウエールズ戦で、相手選手の股間を触り10週間の出場停止処分を受ける。しかし、処分期間がプレミアシップ中断と重なり、事実上、まったく本人に影響のないまま処分を完了）も、ほかの選手たちと同じです。この生活に現在のところはうまく対応しているようですが、何かあれば当然サポートをします。

私はHCとして選手を鍛えて試合に勝たせることが仕事ですが、マネージメントの仕事に就く関係者は大変ですね。オーストラリア協会の話です。CEOの交代などいろいろと騒がしいようです。組織としての自浄能力が働き、早くいい状態に戻るといいですね。

思い出してみれば、南アフリカのラグビー協会も、ほんの2、3年前はひどい状態にありました。しかし昨年のワールドカップで優勝を成し遂げました。いい人材を適切に配置していけば、組織の問題は、自然と解決していくものだと思います。

世界中のラグビーが停止状態になっている機会に、現在のラグビーというスポーツについて考察を重ねています。有識者とも話をしています。

やはり一番の懸念は、ラグビーが過剰にパワー重視のスポーツになっている点です。スポーツ科学が進歩し、身体能力が非常に高い選手が量産され、激しい衝突プレーに勝ち続けなければ試合に勝てない。ラグビーは、そういう方向に向かっています。選手の技術やスピードが、やや軽視されてしまう傾向にある。

衝突偏重のパワーゲームから、よりボールが動く、動的な方向にラグビーを向かわせる方法はいくつかあるでしょう。例えば、試合でベンチ入りできる選手を現在の8人から6人にしてはどうか。後半から投入できる選手の数が減れば、当然選手たちの疲労度は高まる。スタミナを削る過剰なパワープレーが減るかもしれません。

現在のラグビーが向かっている方向をよく見つめ、よりよい方に進んでいくための道筋をつけていくのは、このゲームにとって大事なことです。

とにかく、今は日本でできることに全力を尽くしています。世界が通常の状態に戻り次第、イングランドに戻り、次の戦いへの準備を進めます。

不安定な状況は続く。ラグビーの行方について考える。

2020年8月号

ニュージーランドでは国内限定大会としてスーパーラグビーが再開されました。しかし、世界のラグビー界はまだこの先の予定がはっきりと決まっていません。

シーズン途中で中断となった各国のクラブリーグを、今後どのような予定で再開させていくか。夏のテストシリーズはすべて、いったん中止、延期となりましたが、その後どうするのか。世界各地の関係者間で、いろいろ話し合いが続いています。ただ、明確な予定は立っていません。

中断となったシックスネーションズの未消化試合も、「秋にやる」というところまでしか決まっていません。イングランドのプレミアシップは8月頃に再開しそうですが、次のシーズンの予定はまだ協議中です。数少ない確定要素としては、11月は世界中のラグビーカレンダーがテストマッチのために空けられるということくらいでしょうか。

選手たちの中には、ロックダウン中もうまくコンディションを維持している選手もいれば、そうでない選手もいると思います。いずれにせよ、プレミアシップが再開後いかにいいプレーを見せるか。それが代表入りへの勝負です。自宅で何とかコンディションを維持していたとしても、試合勘は試合でしか養えない。リーグ再開後、選手たちはこの部分でも頑張らないといけない。

現在のコロナ中断のあとのテストマッチ再開の話も含め、世界のラグビーの年間スケジュールも話し合われています。日本は先のワールドカップでの活躍もあり、今後、ティア1国扱いされます。第2の日本と呼べるようなティア2国の躍進は、今後も起こるのではないでしょうか。アメリカやジョージアなど、強い願望と野心を持って正しい強化を続けていけば、日本同様に躍進することは不可能ではありません。

このような現状でも、世界のラグビーがどこへ向かうかについて、考察を重ねています。より安全で、エキサイティングな試合になるようにルール改正が行われるのはよいことですが、対応するレフリングの一貫性も重要です。国や地域、あるいはレフリーによってルール解釈に微妙な違いがあるようでは、ラグビーというスポーツがおかしな状態になってしまう。試合の笛はルールに沿って吹かれるべき。ルールの個人的な解釈によって吹かれるべきではありません。

ラグビーをさらによいスポーツにするため、やるべきルール改正はまだまだあります。試合中にプレーが切れる回数が減り、ボール・イン・プレータイムがもっと長くなるような改正が必要です。レフリーの笛の一貫性とともに、ワールドラグビーはラグビーをより魅力的なスポーツにする。そのためにやるべきことはたくさんある。

現在のルールでは、体格のいい選手が肉弾戦に勝てば試合を有利に進められる。パワーを重視しすぎた試合展開になりがちです。小柄でもスピード、スキル、テクニックに優れた選手がもっとトップレベルで戦えるような、より技術を重視した方向にラグビーは進んでいくべきです。

こうしたルール改正に関することは、代表HC同士でも議論します。特に2019年のワールドカップに向けた4年のサイクルの中ではさまざまなルール改正があり、私も各地で意見を述べてきました。仲のいいHCとは、カジュアルな席でもラグビーの未来について意見交換をする。昨年ワールドカップまでウエールズ代表HCを務めていたウォーレン・ガットランド（チーフスHC）とは、シックスネーションズが開幕する前にロンドンでカレーを食べながら、ラグビーの未来について語り合いました。

彼も私も、アマチュア時代に選手としてプレーし、その後何十年にも渡り、ラグビーに関わってきました。我々の選手時代と比べれば、現代のラグビーは見違えるような変化を遂げました。しかし、果たしてその変化はよい方向へ向かっているのか。そもそも、よい方向とは。ワールドラグビーには、そこをしっかり考えてほしい。

ルール改正、そして、それに対してレフリーがどのような笛を吹くか。それは、チーム戦術のトレンドに繋がる。チームは、ワールドラグビーのルール改正に沿って工夫をしながら戦っています。その当事者として、ルールに対していろいろな意見があるのは、当然です。

私は現在、東京で過ごしています。7月上旬、イギリスへ戻る予定です。

今回のコロナ禍の対応については、世界各国のラグビー関係者だけではなく、多くの関係者と話をしています。時間があれば、ほかのスポーツの指導者と情報交換をするのは私の日常ですが、今回もオーストラリアのクリケットやラグビー・リーグの関係者と話をしました。しかし、どのスポーツが今回の件にうまく対応しているなどの印象はないですね。どの国のどのスポーツも、大変な対応を迫られている。再開後の運営やその後のスケジュールも、まだ完全に見えていない状態です。

そんな状態ですが、私の仕事は本質的にはいつもと変わりません。

次の試合に勝つ。そのために、準備を進めるだけです。

私の天職は教えること。挑戦し続けること。

2020年9月号

例年、この時期は日本の多くのコーチを対象にコーチングクリニックを開催しています。今年はコロナ禍の影響を受け、オンラインでのクリニックを開催することにしました。

参加者たちとのコミュニケーションは、ラップトップやスマートフォンを通じてのものになってしまうため、参加人数を少数に限定しての開催です。しかし、いいセッションになると考えています。

私の天職は教えることであり、こうした活動はこの先も続けていくと思います。日本のラグビー界にはいろいろとお世話になった恩があるので、私のできることで何かお返しをしたいという思いからです。

昔の日本には、過剰な根性論に走る、古いタイプのコーチも多くいたようです。しかし、今の若いコーチたちは違いますね。日本におけるラグビーコーチングの変化は、順調によい方向へ向かっているように見えます。こうした新しい時代のコーチたちに、私の知識とコーチングにおける有効なツールを共有していく。それが、コーチングクリニックを行う意図です。

子どもや若い選手たちを長年指導しているコーチならわかると思います。プロの世界にまでのぼり詰める選手たちには共通点があります。何より必要なのは、勝利や成功への強烈な願望です。それがなければそもそもプロの世界では生きていけない。

恐れを知らない勇敢さも必要です。そうした個人的な要素を持ち、チームの一員になるために自分を犠牲にできるメンタリティーを持つ選手が、プロへの道を目指すことができます。

技術的な要素はもちろん大事ですが、プロになるためのメンタリティーは、技術の土台でもある。性格的にプロとしてやっていく要素を持たずに、技術面の才能だけを持っていたとしても、必ずどこかで挫折してしまいます。

そこからさらに上のレベルに進む、国の代表選手としてプレーするときに必要となってくるのは、まず適応能力です。国内のプロリーグと代表の試合では、レベルの違うラグビー。代表に呼ばれてから一定期間内に新しいレベルに対応できるかどうかは、代表で生き残れるか否かの最初のテストになります。

具体的に言うと、代表レベルの試合はスピードが違います。ここで言うスピードとは、物理的なプレーの速さだけでなく、思考のスピードも含む、グラウンド上の状況を見て、理解し、正しいプレーを選択するスピードです。代表レベルの試合ではこのスピードが明らかに上がる。それに適応する能力が必要です。

一般的に言うと、代表レベルの選手は何かしらの特殊能力を持っている必要もある。何でも器用にこなすタイプの選手が代表レベルで生き残っていくこともありますが、何か強力な武器を持っている方が、代表チームでは重宝されがちです。

最近、世界最高峰クラスの選手たちのトップリーグ移籍の話題をよく耳にします。これは選手たちの人生の選択の結果だと思います。

イングランドからも、代表で活躍したジョージ・クルーズがパナソニックへ移籍しました。彼は現在30歳ですが、このタイミングでイングランド代表としての日々を終え（イングランド代表は、イングランドのクラブでプレーする選手から選ぶという規定がある）、日本へ行く。彼なりの人生の決断です。

現実的に言ってプロ選手としての時間は限られています。残りの時間をどうやって過ごすかという決断は、選手次第。ジョージが自分なりに考えて辿り着いたのだから、私は快く送り出します。頑張ってもらいたいですね。

イングランドでは、代表のＣＴＢとして活躍するマヌ・トゥイランギが、プレミアシップ内でレスター・タイガースから、セール・シャークスへと移籍しました。マヌとは定期的に話をしていますが、彼の場合はどうしてもイングランド代表でのプレーを続けたい。そういった理由で、プレミアシップ内での移籍先を探していたようです。

現在のイングランド代表には、様々なバックグラウンドから選手が集まっています。エリス・ゲンゲ（ＰＲ）や、カイル・シンクラー（ＰＲ）のように、ワーキングクラスの厳しい環境出身の選手もいれば、ボーディング・スクール出身の、いわゆるエリートタイプの選手もいます。バックグラウンドがそれぞれ違う選手が集まっているという点で言えば、外国出身選手がいる日本代表と同じ。ＨＣとしての仕事は、いろんな価値観を持ち、違う考えを持った選手たちをひとつの方向に向かわせる、道筋をつけることです。

最近、英語圏のメディアでは、私が「ラグビー・リーグのチームのＨＣになりたがっている」という話題が出ていたようですね。２０２３年まではイングランド代表に集中します。昨年のワールドカップが終わったあと、何か違うことをやろうかと考え、リーグでの仕事も考えました。しかしイングランド代表の仕事を続けることになったので、当分この話は実現しません。

２０２３年のワールドカップが終わったあとに何をするかは、そのときになったら考えます。

私の指導者としてのキャリアとは、そういうものです。

ラグビー界、再始動。日本と戦うのを楽しみに待ちます。

2020年10月号

コロナ禍により中断していたプレミアシップが再開されました。選手たちは、長いロックダウン下での各自での調整、各種規制のもと、徐々に強度を上げていったチームでの練習を経て試合に臨んでいます。

リーグ中断中に移籍した選手もおり、ユニークな状況ではありますが、試合を観る私の観点はいつもと同じです。次の代表合宿に誰を呼ぶか。それを決めるための観戦です。選手たちは誰もが、「久しぶりに試合ができる」と、やる気に溢れています。「これほどのプレーを見せつけられては、代表に呼ばざるを得ない」というようなパフォーマンスを見せてくれる選手も出てくると思います。

代表HCとしてクラブでの選手たちのプレーを観るとき、私は、彼らがボールから離れたところでどう動いているかに注目します。ボールを持って派手な活躍を見せたり、激しいディフェンスをするのも結構なことですが、それだけでは私は満足しません。

今年はいろいろな意味で特別な年になっています。代表を狙う若手選手たちにとっては不運な状況と言ってよいでしょう。通常であれば、今年はワールドカップを軸とした4年サイクルの1年目です。代表チームの層を厚くするために、若手にチャンスを与えるはずの年でした。

しかし、夏のテストシリーズはキャンセルされた。新しい選手を試す機会がなくなってしまいました。特に、予定されていた今年の夏の日本ツアーには多くの若手選手を連れていく予定でしたから残念です。

ただ、来年はブリティッシュ&アイリッシュ・ライオンズの遠征があるので、イングランド代表は若手中心のチームでカナダ、アメリカへ遠征に行く可能性があります。若手選手にとっては来年がチャンスになります。

南半球のクラブラグビー事情に目を向ければ、ニュージーランドとオーストラリアで、それぞれ国内限定のスーパーラグビーが開催されました。ニュージーランドには、レベルの高い5チームを編成するだけの選手層がありますが、オーストラリアにはそのレベルで5チームを持つ選手たちがいないように見えます。大会フォーマットなどの事情に引きずられて無理にチーム数を増やしてしまうと、各チームの競技力が下がってしまいます。

どんな国にもそれぞれの社会的事情があり、プロレベルのラグビー選手の数には一定の限界が存在します。これを考慮に入れずにチーム数を増やしすぎると、各チームが保持する才能が薄まってしまう。結果、リーグがよくない方向へ向かってしまいます。

例えば、リーグ内のチーム間に過剰な実力差が生まれてしまいます。30点も40点も点差のつく試合は、勝ちチームにも負けチームにも何もいいことのない、無駄な消化試合になってしまう。試合を観るファンにとっても面白くありません。国内リーグでそういう試合が多いと、代表チームにとってもいい影響はない。私は以前から、日本のトップリーグはチーム数が多すぎると言ってきました。それが理由です。

もちろんスポーツを全国各地に根づかせるため、多くのチームを国内リーグに参加させる意図は理解できます。ただ、代表チームの競争力を向上させるためには、プロレベルの選手人口から最適なチーム数を保つ必要がある。一部リーグ参加チームの数を適切に保ち、あとは下部リーグを広げていくべき。私は、そう考えています。

コロナ禍を受け、世界のラグビー界は様々な再編や困難への対応を迫られています。その中で、今年の秋に行われる予定の『エイト・ネーションズ』(仮称/通常のシックスネーションズに日本代表、フィジー代表を加えて行われる構想。今秋限定の大会)の開催は、非常にいいニュースです。この大会で我々は、予選リーグでアイルランド、ウエールズ、フィジーと対戦します。予選リーグの結果次第では、順位決定戦で日本代表と対戦する可能性もある。7月の日本ツアーは中止となってしまいましたが、私はそれを嘆くよりも、秋に訪れる新しい機会をありがたく受け止めます。

　ロックダウンなどの措置で、普段のようにラグビーと関われない生活を送ってきました。そのあとだけに、再び欧州の大舞台でテストマッチに臨むことができるありがたさを実感しています。

　フランス、スコットランド、イタリアと同じグループに入ると見られる日本代表は、よい結果を残すチャンスもあると思います。トップリーグが来年1月まで再開しないため、代表チームは長い時間をかけて合宿できるからです。

　9月中には代表合宿を始められるでしょうから、最低でも1か月間の準備期間はある。そこで密度の濃い合宿を実施し、選手たちを徹底的に鍛え上げる。そうすれば、肉体的にも戦術的にも非常にいい状態で欧州入りすることができます。

　現在の日本代表は、充実した代表合宿を経てよい結果を残す経験をしています。最近2大会のワールドカップでの結果がよい例です。国内リーグでの試合がないという不利より、代表合宿に多くの時間を費やすことができる効果の方が大きいと思います。もちろん、与えられた時間を有効に使うことが大前提となりますが。

　とにかく、長い中断を経て、ラグビー界が再び動き出しました。ありがたさを噛みしめながら、今日も仕事に励みます。

やっと実現するテストマッチで、貯め込んだものを出す。

2020年11月号

イングランドのプレミアシップは、シーズン中断中に予定されていた試合をすべて消化するため、週に2試合を実施する形で再開されました。通常では考えられない過密日程ですが、ラグビーがプロスポーツとして生き残っていくためには、何でもやらなければなりません。

試合数の増加は、若手選手たちにより多くの出場機会を与えることにもなる。その点はポジティブな面です。経験の浅い選手たちが多く出場することで試合のレベルが下がっている現実も見られますが、とにかくラグビーが再開されたこと自体が素晴らしいことです。試合は観客なしの状態から、段階的に少数の入場を許可していく予定ですが、テレビで試合を観られること自体を、多くのファンが喜んでいます。

最近、いろいろと調査や研究を進めている分野のひとつに、データ分析というものがあります。現在でも、選手の動きや試合内容をサマリーするデータは収集されていますが、これをいかに進歩させるか。この試みに、イングランド代表として取り組んでいます。まだ研究段階ですが、選手選考に役立つ新しい指標とその収集方法について、専門家と協働を進めているところです。

ただ、やみくもに膨大なデータを集めているわけではありません。どれだけ多くのデータが手元にあろうとも、そのデータから正しい結論を導き出せなければ何の意味もありません。情報の取捨選択や、その情報からどんな結論を導き、行動に移すかは、直感も含めた人間の判断になる。そもそも、選手や試合の内容を１００パーセント定量化することなどできません。

現在、私がこうしたデータ分析の向上に取り組んでいるのは、より正しい選手選考をする上でのツールを高める意図からです。この目的を達成するために有効なツールとして、データ分析というものがある。データ収集自体が目的ではありません。

延期されたシックスネーションズの試合は10月に行われる予定ですが、我々は例によって試合前に5日間しか準備期間がありません。しかし、オータム・ネーションズカップ（シックスネーションズ＋フィジー、ジョージア）が完結する11月末まで続く代表の活動期間は、大変有意義なものです。代表選手が集まったときは、毎回チームとして、さらに上のレベルに進化させるのが私の仕事。今年は夏の代表遠征がなかったので、秋で大きくレベルを上げにいきます。

オータム・ネーションズカップの件は、日本のファンにとっては残念な流れかもしれませんが、代わりにジョージアが参加するのは、世界のラグビーにとって素晴らしいニュースです。我々はジョージアを全力で叩きにいきます。彼らがこの大会でどこまでやれるか、世界中のラグビーファンの大きな注目を集めるでしょう。

今秋へ向けての我々の強化の中には、ブレイクダウンに対するレフリングの、微妙な変化に対応するという課題がある。このレフリングの変化は、より多くのターンオーバーが発生する試合展開に繋がる可能性を秘めています。一瞬の攻守の切り替えをいかにうまく行うか。それが勝敗を分ける可能性もあり、そこを重点的に強化する予定です。

この秋のテストマッチは、無観客、あるいは普段より少ない観客の前でプレーをすることになります。当然、観客が選手たちに与える影響は大きく、普段とは違う状況でテストマッチを戦うことになる。これは仕方ないことです。

プレミアシップが再開されてから、特に代表の主力選手たちの動きには注目して観戦しています。その中で、パフォーマンスにばらつきがあるように見えます。リーグ中断中の体調維持、さらには精神的な部分でうまく調整できた選手と、そうでない選手がいるように見える。今年はすべての選手が前代未聞の状況への対応を強いられました。その対応については、個人差があります。この秋の代表選考には、こうした状況への対応という特殊な項目が選考基準に加えられたということです。

私自身、コロナ禍によって経験したことのないような状況に立たされました。具体的には、ラグビーの現場から離れて過ごす時間を与えられ、様々なことを熟考しました。今後ラグビーというゲームは、どのような方向へ向かっていくのか。選手だけでなく、一緒に仕事をするコーチングスタッフを鍛えるためにはどうすればいいのか。そして、代表HCとしての大きな仕事である、選手選考のプロセスをいかに改善することができるのかなどです。

普段は忙しく動き回っており、こうしたテーマについてじっくりと考える時間がありませんでした。イギリスが全国で都市封鎖を行っている間は日本で過ごしたりして、通常ではあり得ないほどの自由時間を手にしました。これは世界規模の危機の結果であり、喜ぶべきことではありませんが、私がこの状況があったから新しいことを学べたのは確かです。

今は何より、ラグビーが再開されたことに感謝しています。普段とは違う生活を突然強いられ、日々ラグビーに関われる生活がいかにありがたいものか、改めて実感しています。

徹底的に汗をかく激しい練習。そのあとは常識の範囲内で自由

２０１５年までの第1次エディー政権の日本代表は、「Japan Way」というキャッチフレーズのもとに大舞台で結果を残した。２０２４年からの第2次政権では、「スピードをアイデンティティーとしたラグビー」という言葉を掲げている。

不調、乱調を経て、ワールドカップの準備期間に入ったイングランド代表選手たち。彼らはチームとしての調子の上下動について、「ワールドカップへ向けた旅路の一部」、「すべてはワールドカップのため」と、エディーＨＣさながらの達観した言葉で、様々なメディアのインタビューにおいて語っていた。２０１６、17年に見せた快進撃からの不振を乗り切ってきた選手たちの頭の中には、名将が自分たちに向けて語りかけた言葉が深く刻まれていたのだろう。

エディーＨＣは、キャッチフレーズという形でコンセプトを簡素化し、多くの人たち

に向けて語りかけた。選手やコーチたちと1対1や少人数で密な会話を行い、お互いの理解を確認していた。イングランド代表HCとして、当落線上を含めた多くの選手たちと常に密なコミュニケーションをとり続け、精神的面での好不調も選手選考のポイントとした。

イングランド代表選手たちの鍛え方については、頭も体も徹底的に汗をかく激しい練習をさせた上で、そのあとは比較的好きなようにしていいというものだった。代表合宿での門限や飲酒などに関して、それほど厳しいルールを設けず、練習や試合でのパフォーマンスに影響しないようであれば、常識の範囲内で自由だったそうだ。選手たちを大人として扱ったということだろう。ただし、常識の範囲内という言葉の意味を理解しなくてはならなかったし、再三に渡り、「チーム内の調和」という言葉を口にしていた名将の意図を忘れてはならなかった。

日本の暑さ対策を兼ねてイタリアのトレビソで行った、候補選手を含む合宿において、トラブルがもとでチームから外された選手がいた。合宿中の酒席での出来事と言ってしまえばそれまでだが、実績ある2人の選手が拳を交える喧嘩をしてしまった。周囲にいた選手たちにすぐに引き離されたそうだが、この2人はすぐにチームを離れることになった。

心身ともに徹底的に鍛え上げるのがエディーHCのスタイル。厳しい合宿であるだけに、たまにはチームメイトたちとビールを飲みながら冗談を言い合い、悪ふざけをするのはいいだろう。だが、越えてはならない線、どこがオフサイドラインであるかを間違ってはならない。常識の範囲内、プロ選手としての自覚など、言いようはいくらでもあるが、明確なキャッチフレーズだけでなく、明らかな行動や決断で選手たちに大事なメッセージを伝えた。

キャプテンはオーウェン・ファレル。ファレル親子と縁があるエディー

2015年、ワールドカップ・イングランド大会で日本代表を率いたエディー・ジョーンズの名前は、世界中のラグビーファンたちの心を熱くさせた。昔からのファンは、2003年のオーストラリア大会で大方の予想に反してニュージーランド代表を倒しながら、決勝でイングランド代表に負けたという悲劇も知っている。2007年にはコンサルタントとして南アフリカ代表の優勝に貢献した。大舞台を熟知した経験豊富な名将は、ワールドカップ優勝の現実的な可能性を持ち、国中のファンたちの期待を背負って

いた。

世界最大規模の競技人口と代表強化予算を誇るイングランドには、熱心なラグビーファン、さらにはファンたちに情報を提供する記者の数が多く、各メディアがラグビーに大きなスペースを割く。そんなファンたちへの情報発信源として、大会の準備合宿から決勝戦まで代表チームに密着した、Risin Sons というYouTubeシリーズがある。この時期のイングランド代表とエディーHCの映像版ハードワーク日記に興味がある人には、お勧めのシリーズだ。ちなみに、Rising Sons を直訳すると、上る息子たちという意味がわからない言葉になってしまうが、これは英語圏で知られる日本の別称、The land of the rising sun（日出ずる国）にかけた言葉遊びをタイトルにしたものだ。

大きな注目と期待を背にして日本へ向かうチームのキャプテンは、エディーHCのもとで、まさに大黒柱としての活躍を続けるオーウェン・ファレル。「戦う司令塔」という形容がよく似合うエディー好みの選手だ。ラックサイドに走りこむ相手PRをかち上げるタックルができるSOは、鉄壁のディフェンスを伝統とするイングランドのファンたちに受ける。勝負強く、もっとも信用できるキッカーとしての実力もある。足が遅いという唯一の弱点を持つが、それを補って余りある視野の広さと長短ともに正確なパスとキック、そして何よりも、チームのボスとして試合をコントロールする腕前が世界トップレベルと言える選手だ。

　オーウェンの父、アンディーは13人制のリーグラグビーと15人制のユニオンラグビーでともにイングランド代表としてプレーした強者。13人制ラグビーは、イングランドにおいて、「北部の労働者階級のラグビー」としての歴史を持ち、アンディーはそんな中で代表選手にまで上り詰めた。

　引退後は指導者としての道を歩み、悲劇の結果に終わった2015年のワールドカップではイングランド代表のアシスタントコーチを務めた。続く19年のワールドカップはアイルランド代表のアシスタントコーチとして参加し、その大会のあと、アイルランド代表のHCに就任した。

　エディーとオーウェンの関係を語る上でアンディーを紹介したい理由がある。ファレル親子はエディーがプレミアリーグのサラセンズのHCを務めていたときの選手だったという因縁があるのだ。オーウェンはアンディーが16歳のときに生まれた子で、エディーHCは17歳のオーウェンをプレミアリーグ最年少（当時）でデビューさせた。

　ちなみに、このとき、父のアンディーは現役として、サラセンズでまだプレーをしていた。

試合前のハカに対して、大胆な挑戦。最高パフォーマンスでファイナル進出

　フランス代表戦が台風の影響で中止になるという予想外の出来事はあったが、イングランド代表は順当に1位で予選リーグを通過した。準々決勝で対戦したオーストラリア代表は、エディーHCの就任以降、徹底的に叩き続けてきたチーム。その相手に40―16という大差で勝利を収め、準決勝でついにニュージーランド代表と対戦することになった。エディーHCの就任後にニュージーランド代表と対戦したのは、それまでに1度だけ。2018年秋のテストシリーズで、ホームのトゥイッケナムに迎え、15―16の惜敗に終わった。ワールドカップ本番の1年前には負けたが、決して勝てない相手ではないというのが、大舞台での対決を前にした選手たちの正直な気持ちだっただろう。

　名将は、この大舞台で、あのオールブラックスを相手に何かやってやろうと考えた。後日談によると、長年つき合いのあるメディアアドバイザーと話し合って決めたそうだが、イングランド代表は試合前のハカに対して、大胆な挑戦を行うことにした。

　試合前にオールブラックスがハカの儀式を行った際、イングランド代表はキャプテン

のファレルを中央の奥に据える、V字型の陣形を組んだ。何かとお騒がせのキャラとして知られるPRのジョー・マーラーは、ハーフウェーラインを遥かに越えた位置まで何気なくオールブラックスに近づき、審判に下がるように注意された。「えっ、何か悪いことでもしているのか?」と言わんばかりのとぼけた顔で後ろに下がった。

ハカが始まると、V字の中心には、ハカのリーダーであるTJ・ペレナラに向かって、勝ち戦に臨む将軍のように不敵な笑いを浮かべるファレルがいた。後日、インタビューに答えたペレナラは、「ファレルが笑い顔で俺を見ていたことは、もちろん気づいていた。ウィンクまでしていたのも見えたよ」と語っている。

この2人のやり取りが世間に広まったのは、ハカの最中に、横浜国際総合競技場（日産スタジアム）の大スクリーンにファレルの顔が映し出されたからだ。グラウンド上のカメラと競技場の制御室による連係プレーが素晴らしかったが、こうなると予想してV字型の陣形を考えたエディーのメディアアドバイザーとその中央で笑ってウィンクまでしたファレルの連係プレーもなかなかのものだった。

一般にはあまり知られていないが、ハカを受ける相手は、ハカに対して挑戦し返す権利を持つと言われている。かつては、フランス代表がこのときのイングランド代表とは逆のV字に並び、ハカに挑戦したことがあった。ウエールズ代表は、ハカが終わったあと、約1分間に渡り、ハーフウェーライン上から黙って相手を見つめ続けて動かないという、誰も予想していなかった挑戦に出た。

その準決勝は、エディーHC率いるイングランド代表の最高のパフォーマンスだったと言われている。大勝負は慎重な立ち上がりになりがちだが、開始1分36秒でトライ。強烈な先制パンチだった。その後、硬くなる場面が徐々に目立ち始めた試合で確実にリードを保ち、19—7でファイナル進出を決めた。

波はあったが、チームを変えた。2023年までの契約延長に合意

あまりにも見事な試合を観たイングランドのファンたちの中には、必死の思いで見つけた決勝戦のチケットに大金を払うとともに、日本行きの航空券を予約した人もいた。土曜日夕方のキックオフに向け、水曜日や木曜日のロンドン発東京行き航空券が次々と売り切れていったそうだ。何とか日本へ向かったファンたちのチケット入手ルートには面白い例がある。「イングランドがワールドカップで優勝する姿など、絶対に観たくない」というウエールズファンから、額面価格で譲ってもらったイングランドファンもいたそ

うだ。日本ではラグビーの母国として比較的人気のあるイングランド代表だが、伝統的に保守的なプレースタイルやイングランドという国の歴史から、世界にはアンチファンも多い。自分の国の応援をいったん忘れ、ニュージーランド代表対南アフリカ代表の決勝戦を観たかったと思っていたファンも多くいただろう。

そんな背景など関係ないことは間違いないが、決勝戦は32—12で南アフリカ代表に軍配が上がった。「できることはすべてやった。これ以上のハードワークはできないというほど、徹底的に頑張った。でも、スポーツの世界には、それでも勝てないという試合がある」。試合後のロッカールームで名将が選手たちに語った言葉だ。ラグビーに限らず、トップレベルのプロスポーツ選手たちは、ワールドカップ準優勝という結果をたいていは残念なものとして受け止めるだろう。銀メダルを受け取り、優勝チームの記念撮影を遠くから見つめる選手たちの顔を見れば、それは明らかだ。

一方で、その4年前のワールドカップで予選リーグ敗退となったチームを決勝まで導いた名将の力の大きさもまた、誰の目にも明らかだった。好不調という当然の波はあったが、チームを大きく変えたエディーHCは、2023年フランス・ワールドカップまでの契約延長を提示された。2003年のワールドカップでオーストラリア代表を準優勝に導き、2期目を迎えたものの、その後、解任となった過去がある名将はその契約延

長を真剣に考えた。チームはこのあと、次の4年サイクルに向けて世代交代を行う必要があったが、キャプテンのファレルをはじめ、多くの主力選手が23年までトップレベルでいられるという年齢構成を考え、契約延長に合意した。

その後、コロナ禍の影響で前代未聞の日程変更を経て完結した2020年のシックスネーションズと無観客あるいは厳しい観客規制のもとで行われたオータム・ネーションズ・シリーズで地味に優勝したイングランド代表。その時期にプロ入り、代表入りした選手たちを加えたチームは、フランス大会へ向け、本格的な準備を始めることになる。

第四章

2021–2023

イングランドヘッドコーチ解任への道
オーストラリアでの失敗

すべては、「世界二」に続く道の途中。

2021年1月号

以前にも話しましたが、私は常に他のスポーツから新しいことを学び、自分の指導するラグビーチームに活かす活動を積極的に行っています。データ分析や、ボールから離れたところでの動きの大切さ。そういった点について話した、サッカーのプレミアリーグクラブ、リバプールとのミーティングは非常に刺激的でした。

特に、選手たちの動きを様々な見地から計測し、パフォーマンスの評価につなげる。その洗練されたメカニズムには感銘を受けました。私が指導するイングランド代表でも、リバプールFCで得たアイデアをヒントに、独自の分析プロセスを構築している最中です。

本家と比べるとまだまだですが、チームの規模も違うので、それを考慮に入れ、我々に合ったやり方をしています。リバプールには、データ分析専門スタッフが私たちの代表チームの約7倍もいるのですから。

シックスネーションズ再開の前に予定されていたバーバリアンズ戦が中止になったのは残念でしたが（バーバリアンズの選手が、規約に違反して合宿所から外出していたため）、試合に出る予定だったメンバーは空いた時間で、キッチリと、いいトレーニングをしました。

試合形式の練習に取り組みました。激しいコンタクトというよりは、スピードを上げた中でやりたかった。走ったり、パスするスピードだけでなく、思考や判断のスピードも上げるものです。充実した、いい時間でした。

シックスネーションズの最終戦となったイタリア戦（34―5）は、タフな試合になりました。相手はいい準備をしてきたように感じました。ただ、ボールから離れたところで、うちの選手たちに対し、しきりに挑発してきましたが。ヒートアップした場面もありましたが、イングランドの選手たちは全体的に規律を保ち、ボーナスポイントも獲得した。評価します。

得失点差で優勝が決まる展開だったので、もう少し得点したかった。しかし結果的に、フランス×アイルランドの結果を受けて、イングランドの優勝が決まった。何かと制限がありますが、選手たちとビールを飲みながら祝いました。

私がイングランド代表のヘッドコーチ（以下、ＨＣ）に就任してから3度目のシックスネーションズ優勝ですが、今回が一番大変でした。ワールドカップが終わってから、ほぼ休みなしでクラブの試合に出場している選手もいました。調整が難しい大会でした。

オータム・ネーションズカップの初戦、ジョージアと戦った試合もタフでした（40—0）。相手はスクラムと肉弾戦を得意とするチームです。ただ、それはイングランドも同じ。試合開始からスクラムでプレッシャーをかけ、真っ向から肉弾戦を挑むというゲームプランでいきました。序盤からガツンといき、相手の体力を削る。そうやって引き離していく形で試合をコントロールできました。

決してジョージア、イタリアを軽視しているわけではありませんが、アイルランド戦（11月21日）、ウエールズ戦（同28日）は、ここまでとは違う戦いになるでしょう。

アイルランドは、キープレーヤーのジョニー・セクストン（SO）、ロビー・ヘンショウ（CTB）などが負傷で欠場するようですが、我々も負傷者を多く抱えています。現在のトップレベルのラグビーでは、チームにケガ人がいない状態など滅多にありません。それを理解してチームを作る必要がある。そもそも、負傷者により戦力が大きく変わるようなら、総合的なチーム力に問題があるとも言えます。

この秋のテストマッチを見ていて目についた若手選手は、フランスのSHアントワーヌ・デュポン、アイルランドのFBヒューゴ・キーナン、イタリアのSOパオロ・ガルビシあたりでしょうか。特にガルビシからは、「いい選手になりたい」という強烈な願望がにじみ出ているように感じています。

話は変わりますが、欧州のライバルたちの間でイングランドは、ある意味、プロ野球の読売ジャイアンツのように見られることがあります。金持ちで、選手層も厚く、トゥイッケナムという象徴的な競技場もある。常に勝つことを期待され、勝てないときは執拗な批判に晒され、アンチファンも多くいる。まあ、私は好きでこの仕事をやっているので、まったく気にならないのですが。

日本のメディアとオンラインで話したときに、「オールブラックスの指揮を執ってみたい」と言ったことで、少し話題になったそうですね。

現実的な話として、その仕事のオファーがきたことはありません。今後もこないと思います。なにせ、私はオーストラリア人ですから。

ただ、世界最強のチームを指導したいかと聞かれれば、それは当然、やりたい。

そんなことより、今私は、イングランド代表のＨＣとしての仕事を楽しんでやっています。このチームでワールドカップに優勝すれば、世界最強チームのＨＣになれる。それを目指し、日々ハードワークを重ねています。

ゴロー、イングランド×日本を観てください。

2021年2月号

秋の代表戦が終わり、現在は束の間の休暇を楽しみに日本を訪れています。来日後は検疫ルールに従い部屋にこもっていますが、オンラインでいろいろな人と話したり、メディアからのインタビューを受けたりしています。２０２３年ワールドカップの抽選会も、オンラインで観ていました。

イングランド代表は日本代表と同じ組になりました。何か不思議な予感がしていたので、実はあまり驚きませんでした。私個人としては、とてもロマンを感じる組み合わせです。ときに、真実とは小説より奇なるものです。

この組ではイングランドが1位通過の本命と思われるでしょうが、特別な圧力になるということはありません。我々は勝つことを義務づけられながら戦う宿命にあります。強いチームは常にプレッシャーがつきまとうもので、それをうまくハンドルできるかどうかも、強いチームである条件のひとつ。周囲の評判を楽しみ、着々と準備を進めるのみです。

２０２３年のワールドカップには、私が日本代表ＨＣを務めていたときに代表入りした選手も出てくるでしょう。フランス・ＴＯＰ14の松島（幸太朗／ＦＢ・ＷＴＢ）の試合も観ています。

初めて松島のプレーを見たのは、彼が南アフリカのシャークスのアカデミーでプレーしていたときでした。よいものを持っている選手だと思い、日本に帰ってプレーするように説得しました。その後、様々なクラブ、日本代表で素晴らしい活躍を見せ、現在の彼がいます。

現在の姿を見ても驚きはありません。ハードワークを重ねれば、このレベルでプレーできる才能を持った選手であることは見てとれました。ただ、彼が私の率いるチームとワールドカップで対戦することになるとは想像できませんでしたが。

我々は２０１８年の秋に日本代表と対戦した経験があり、このときのメンバーで２０２３年の試合に出場する選手も何人かいるでしょう。しかし、こうした対戦相手への知識と経験は一時的なものにすぎません。日本代表もその後多くの試合をこなしており、両チームともに変化を続けています。どちらのチームもよい方向にも悪い方向にも変わる可能性がある。過去の経験の価値は、両者に限定的なものです。

現在の日本代表は私が指導していた頃より、はるかにいいチームだと言えます。ジェイミー（ジョセフＨＣ）のもと、ポジティブな考え方がチームに根づいているように見えます。2015年ワールドカップでの経験から、選手たちは「どんな相手でも勝てる」というメンタリティで試合に挑んでいると思います。それを土台に、技術的な進歩とビッグゲームの経験を積み重ねている。以前よりレベルの高いチームになっているのは当然です。世界中のラグビーファンたちがこの組み合わせを見て大会を楽しみにするのは素晴らしいことです。ただ3年後は、かなり先の未来だということも忘れてはいけない。

これからの3年間で、代表デビューする選手がどれだけいるか。ちなみにイングランド代表では、今年に入って9人の選手が代表デビューを果たしました。世代交代がうまくいくチームもあれば、そうでないチームもある。どのチームにも調子の波というものは必ず存在しますし、ケガ人も必ず出る。あまり先を見すぎるのは私の哲学ではありません。

この先の3年間でルールやレフリングにいろいろと微調整が加えられることも間違いありません。トップレベルの試合では、こうした微妙な調整が勝敗を分けることも往々にしてある。特に頭部への負傷リスクを減らすルール改正は今後も続いていくべきだし、ブレイクダウンでのギリギリのプレーのレフリングなど、その調整に留意していきます。

ゴロー(五郎丸歩/ヤマハ発動機)が2021年1月開幕のトップリーグで選手生活を終えるとのニュースも聞きました。日本ラグビー界に大きく貢献したゴローには「お疲れ様」と言ってあげたいです。

彼との思い出はたくさんあります。やはり一番の思い出は２０１５年ワールドカップと、その準備期間をともに過ごした日々ですね。私が日本代表を指揮していた間に、もっとも精神的に成長した選手の1人です。

代表チームでは、バイスキャプテンとしてリーダーシップを発揮してくれました。大事な試合でも素晴らしいパフォーマンスを見せてくれた。２０１５年ワールドカップ後、日本でのスーパースターとしてのステータスに甘んじることなく果敢に海外に挑戦した。その姿勢は称賛に値すると思います。

２０２３年のワールドカップでは、ぜひフランスまで大勝負を観にきて欲しいですね。

シックスネーションズでは「勝ち方」にもこだわる。

2021年3月号

年末年始を日本で過ごしたあと、イングランドへ戻り2021年の仕事が始まりました。今年最初の大きな仕事は、2月6日に開幕を迎えるシックスネーションズの準備です。パンデミックの状況が大会運営にどんな影響を与えるか、誰にもわかりません。私はチームを勝利へ導くために、日々全力を尽くすのみです。

1月後半の2週末に予定されていた欧州クラブ選手権（チャンピオンズカップとその下部のチャレンジカップ）の試合が延期され、当然、この期間はプレミアシップの試合もないので、（自分の中では）例年より早い段階で代表選手を決定しました。

イングランドの選手たちがフランス、アイルランド、ウエールズ、スコットランド、イタリアの選手たちとクラブゲームを戦うのが欧州クラブ選手権です。シックスネーションズ開幕直前に行われる1月後半の試合は、例年であれば私が真剣な眼差しで観る試合です。しかし、延期になってしまったものは仕方がありません。代表選手の正式発表まではまだ時間がありますが、早めに決め、初戦でスコットランドを叩き潰すための計画に没頭しています。

今年はワールドカップを軸として考えると4年サイクルの2年目で、ブリティッシュ＆アイリッシュ・ライオンズのツアー（南アフリカ）が実施される年。パンデミックの状況もあり、実現するかどうかはわかりませんが、私はイングランドの選手が1人でも多くライオンズに選抜されてほしいと思っています。

なので、今回のイングランドの選手は、ライオンズ入りを狙える主力選手を中心に構成します。具体的な選手名は言えませんが（取材は1月13日。イングランド代表選手発表は1月26日）、代表初招集は1人いるかいないか程度でしょう。

シックスネーションズでのチームの戦術は、とにかく勝利最優先であることはいつもと同じ。ですが、昨秋のオータム・ネーションズカップよりは、「勝ち方」にこだわる意図はあります。

「勝ち方」とは、要するに相手をやっつける「武器」です。そしてHCとしての私の仕事は、選手たちにより多くの武器、すなわち戦術オプションを与え、試合の状況に応じて正しい武器の選び方を教えることです。

対戦相手の戦い方を徹底的に分析し、ゲームプランを持って試合に挑みますが、試合は生き物。いつ、どこで、何が起こるかは、やってみなければわかりません。

私が指揮する代表チームは、2023年にフランスで勝つことを最大の目的とするチームです。フランスで開催されたワールドカップといえば、2007年大会では私は南アフリカ代表にテクニカル・コンサルタントとして帯同しました。フランスの秋の気候、大舞台でのグラウンドのコンディションなど、同地での大勝負には、私はある程度の情報と経験を持っています。

2023年大会で、我々が戦う試合会場はまだ決まっていません。決定次第、気候とグラウンドのコンディションに合わせ、どのような「武器群」が適切か考え始めます。

そうは言っても、2023年はまだまだ先の話。今一番大事な試合はシックスネーションズ初戦、スコットランド戦です。スコットランドは2019年のワールドカップ後、大きくプレースタイルを変えました。展開ラグビーを志向してプールステージ敗退となった結果を受け、変革を迫られたのかもしれません。その結果、非常にタフなチームに成長しています。

大舞台で苦い経験をしたチームには、生まれ変わろうという力が働きます。昨年のシックスネーションズでの戦いが辛勝だったこともあり（13―6でイングランドの勝利）、スコットランドを甘く見る選手など1人もいません。

日本に目を向けてみると、世界のトップ選手、コーチ陣が続々とトップリーグ入りし、リーグのレベルが上がるのは間違いないでしょう。先日、ロビー（ディーンズ／パナソニック ワイルドナイツＨＣ）とも話をしました。

現在のトップリーグには、上位チームと下位チームの実力差がありすぎるという問題があります。さらに、あまりにも外国人選手が多くなりすぎると、日本代表資格のない選手たちが、トップリーグを支配してしまうという問題も生まれます。ラグビーというスポーツに注目を集めるために世界のスーパースターたちを呼ぶのはいいでしょう。ただ、代表チームの強化という日本ラグビーの最大の目的を忘れてはなりません。

この状況で私が日本ラグビーへ送るメッセージのカギは、コーチ陣にあります。選手だけでなく、トップリーグには世界最高峰の指導者が集まっています。日本人の若手コーチ陣は、彼らが日本にいる間に学ぶだけでなく、長く師弟関係を継続し、海外へラグビーを学びに行かなければなりません。一度いい師弟関係を築いておけば、仕事の相談にも乗ってくれるでしょう。そのためには、ブロークンでも何でもいいので、英語でしっかりとコミュニケーションができるようにしておくといいでしょう。

現在はイングランドでの仕事に没頭していますが、日本ラグビーの未来についてのアイデアが頭に浮かぶこともたまにはあります。しかし、２０２３年ワールドカップの勝負は絶対に負けません。

この夏、いい収穫がありました。

2021年9月号

先日行われたイングランド代表の2試合（7月4日、10日）のパフォーマンスには、非常に満足しています（アメリカ代表に43―29、カナダ代表に70―14で勝利）。

この2試合で16人が代表デビューを果たし、若手中心で挑んだこの夏のチームから4、5人は2023年ワールドカップでチームに大きく貢献する選手が出てくると見ています。これは今後の代表選考の上で、ポジティブなことです。

キャプテンを務めたFLルイス・ラドロウをはじめとし、リーダーシップをとれる選手が新しく出てきたことも朗報です。

CTBヘンリー・スレードやPRエリス・ゲンジなど、普段の代表チームでプレーするときよりシニアな立場に立った選手たちのリーダーシップが見られたことも収穫でした。戦術面でも、新しいものを試すことができました。

この夏に代表デビューした選手の中に、2017年から代表キャンプに練習生として何度か招集してきた、SOマーカス・スミスがいます。才能溢れる22歳の若者で、ブリティッシュ＆アイリッシュ・ライオンズでも（スコットランドのフィン・ラッセルの負傷を受け、イングランド代表での２試合を終えたあと、ライオンズに追加招集）いい経験をしてくるでしょう。

ただ、ＳＯというポジションはチームの要であり、多くの経験が必要なポジションです。彼が選手として完成するのは、まだまだ先の話。ダン・カーターも30歳を超えてからピークに到達しました。マーカスの修行は、まだまだこれから。そこを本人も周囲も理解しておかないといけない。

ワールドカップを軸とした4か年計画では、攻撃面での強化は2年目の夏から始めると以前から話しています。この夏のテストマッチを終えた時点では10パーセント程度の完成度ですが、いいスタートを切れました。

この2試合の前にイングランドAとしてスコットランドA（両チームとも準代表に相当）と戦う予定でしたが、スコットランドの選手がウイルスに感染。結果、中止となり、計画変更を余儀なくされました。

しかし、あまり大騒ぎすることではありません。２０１９年ワールドカップでのフランス戦、昨秋のバーバリアンズ戦と、直前での試合キャンセルを経験しています。自分たちでコントロールできない理由での予定変更を嘆くのではなく、この変更を受けて何をするかが勝負です。

若手中心で編成したこの夏のチームは、ほんの3、4歳ですが、普段の代表主力選手たちよりも若い世代です。急速に進化を続けるプロラグビーの世界では、若い世代ほど進んだ教育を受けて育っています。若ければ若いほど、ストレングス＆コンディショニングや、様々なスポーツ科学の知識に早い時期から影響を受けている。この世代が選手として成熟していくのが楽しみです。

夏の代表活動を終えた選手たちには、これからは毎日が2023年に向けたオーディションだと伝えました。ワールドカップに出たければ、毎日が勝負だと。イングランドには才能溢れる選手たちが数多くいる。勝負が決まるのは才能ではなく、才能の上にどれだけのハードワークを重ねられるか、です。

ところで、2023年に向け、ワールドラグビーがルール改正に取り組んでいます。私もこの取り組みに関し、ブレイクダウンのスペシャリストとして、ハイパフォーマンス・コミッティーに参加しています。

このプロセスの中で、ルール改正に関する提言もしました。改正の背景にあるのは、選手の安全性の向上と、ゲームをよりスピーディーにしていこうという意図です。そうは言ってもラグビー独自の激しい肉弾戦を過剰に制限してしまえば、このスポーツの魅力がなくなってしまう。複数の要素を考慮に入れてよいバランスを保ちながら、ラグビーをより安全で、かつ魅力的なスポーツにしよう。それがルール改正の基本路線です。

ゲームをよりスピーディーにするためのルール改正とはいっても、例えば日本代表のような、軽量級のチームに有利に働くようにするといった単純な話ではありません。より高いスキルレベルが求められる方向へラグビーが進化していく。それが正しい解釈です。

私は以前からほかのスポーツの指導者と多くの交流を持っていますが、サッカー・イングランド代表のガレス・サウスゲートHCとは、これまでに何度も意見交換をしてきました。長いこと結果の出ていなかった代表チームを欧州選手権準優勝に導いた指導手腕には、学ぶところがあります。国内の多くの才能溢れる選手をうまくまとめ上げ、代表チームのために戦う大切さを選手一人ひとりにしっかりと理解させた結果でしょう。メディアをうまくチーム側につけ、一緒に戦うように持っていく術も素晴らしいと思います。

夏のテストシリーズを終え、代表の活動はひとまず終わりましたが、私自身は、さっそく秋のテストシリーズへ向けた準備を始めます。

ワールドカップへ向けた4年プロジェクトはこれから後半戦。さらに上へ進んでいきます。

それぞれのスタイルは個性。ラグビーの変化も続く。

2021年10月号

イングランド代表の活動後に行われた、ブリティッシュ＆アイリッシュ・ライオンズと南アフリカ代表のテストマッチは当然観ました（3戦のテストマッチシリーズは、南アフリカが2勝1敗で勝ち越し）。

南アフリカは、2019年ワールドカップ優勝時の強さをライオンズ相手に見せた。強かった。キックとプレッシャー、強固なディフェンスを武器とするラグビーを、「つまらない」と言う人もいるかもしれません。しかし、どんなチームも自分たちのキャラクターを前面に押し出すラグビーをプレーする権利があります。

手堅いキックと、攻守ともに激しい肉弾戦をチームの伝統、戦略とする「勝利至上主義の華のないラグビー」に対する批判が高まる中、2016年、2017年に代表HCを務めたアリスター・クッツェーHCは、果敢な展開ラグビーを、代表チームに無理矢理植えつけようとしました。

結果、負けが続き、退任に追い込まれました。その後任となったラシー・エラスマスH

Cが、南アフリカラグビー本来のDNAを前面に押し出した結果、2019年ワールドカップ優勝の座に輝いた。

そのワールドカップ決勝以降、南アフリカ代表唯一のテストマッチは、ライオンズ戦前のジョージア代表戦。しかも、2試合予定されていたウォームアップゲームは、両チームに新型コロナウイルス感染者が出たことで1試合だけでした。その状況を踏まえれば、スプリングボクスのパフォーマンスは素晴らしい。常時であれば満員の観衆の声援をエネルギーにして闘うチームですが、無観客の中でも自分たちでエネルギーを生み出していました。

ライオンズ側も、チーム内やウォームアップゲーム相手の感染者発生などにより、試合へ向けた準備の計画が急遽変更になっていました。2021年、世の中とはそんなものです。グラウンド内だけでなく、その外でも起こる様々な突発的な出来事にも対応する能力が必要とされています。

これまでも、「華のあるラグビー」というナンセンスがメディアを中心に語られてきました。南アフリカと対峙したライオンズのHCは、私の長年の友人であり、よく知る、ウォーレン・ガットランドでした。ウエールズ代表HCを長く務めたウォーレンの戦い方が、地元のファンたちに支持されなかった時代があります。肉弾戦を中心に、力技で勝つ戦術が、「ウォーレン・ボール」と揶揄されたこともありました。

しかし、ガットランドHCの示した方針に沿って勝利を重ねていったウエールズラグビー界は、結果的に、HCを称賛するようになった。結果が残ったからです。

ライオンズとスプリングボクスの3連戦は、予想された通り、キックとディフェンスを中心とした戦いに終始しました。当たり前です。トップレベルの代表戦で展開ラグビーが見たければ、オールブラックスとワラビーズの試合を観に行くしかないということです。

それぞれの国には、それぞれの国のラグビーのプレースタイルというものがある。そうだから、我々はラグビーというゲームを観るとも言えるでしょう。

幸いにも、伝統的なティア1国であるオーストラリア出身のラグビーHCである私は、母国の代表HCとしての経験を経て、日本代表HCの仕事をする機会に恵まれました。ジャパン・ウェイというキーワードで、自分たちの目指すスタイルを表現しました。日本ラグビー本来のスピードを柱とした戦い方は、案の定うまくいきました。それも、自国のラグビー文化を活かしてテストマッチを戦ったということです。

世界のラグビーは、2021―2022年シーズンからワールドラグビーが施行する新ルールのもとでプレーされることになりました。ラグビーをより魅力的なスポーツとして世界に広めようとする、ワールドラグビーの意図は理解しています。最終的に誰が決定権を持っているかも、最終決定者がルール変更法案の内容によってコロコロと変わることも知っています。

トライ数を増やし、観てもプレーしても、より楽しいゲームにするのは正しい考え方です。ただそれは、ディフェンス、キック、ブレイクダウンを得意とする堅実なチームが勝てなくなるというわけではありません。どんなチームも、ルールの中でそれぞれ独自のプレーをするから、私たちの試合は面白い。ラグビー人であれば、誰でも理解できることです。

今回のルール改正は、攻撃を武器とするチームがよりトライを量産するルールであり、強固なディフェンスを武器とするチームが、より失点を少なくする方向に動くと考えています。

ラグビーのゲームは常に進化し続けます。

年齢に関係なく、ガツンとやれ。それが代表の条件。

2021年11月号

今夏はブリティッシュ&アイリッシュ・ライオンズの南アフリカ遠征もありました。ライオンズに選ばれなかったイングランドの選手たちの中にも休息が必要だった選手がおり、夏のテストマッチ（カナダ代表に70－14、アメリカ代表に43－29で勝利）では多くの初キャップ選手が生まれました。

この夏に初キャップを手にした若手選手たちの中で、秋のテストシリーズ（11月にトンガ代表、オーストラリア代表、南アフリカ代表とトゥイッケナムで対戦予定）でイングランド代表としてプレーする選手がいる可能性があるかと言えば１００パーセントあります。

イングランドラグビーの9月といえば、プレミアシップの開幕です。所属クラブの勝利のために死ぬ気で戦えない選手は、代表合宿に呼ばれる資格などありません。そのセレクションポリシーに加え、中短期的な調子という要素が加わるので、秋の代表戦を戦う選手が誰になるのか、今の時点では何もわかりません。プレミアシップ開幕戦から、秋の代表戦までの間にどれだけ向上できるか。それを基準に代表選手を選びます。

代表の活動がない間、私は基本的に毎週末3試合、クラブの試合を現場で観ます。ロンドン近郊に住んでおり、試合会場へは車で行きます。北部までの日帰り遠征は、渋滞に巻き込まれることもあり、実は結構大変。おおよそ40人から45人前後の選手たちを毎週視察しています。

代表コーチ陣も毎週試合の視察を行っています。彼らは試合後のレポートに時間を割かなければならないので、私ほど多くの試合を現場で観ているわけではありません。しかし、彼らはイングランド代表というチームのために、いい仕事をしています。彼らは、私の目となり耳となり、よい才能を見つけてきます。

初めて代表に呼ぶ選手へのコンタクトは、ＲＦＵを通じて行っています。契約面での調整を協会の担当者、選手のエージェント、所属クラブでまとめたあと、私が登場します。

２０２１年に開幕するシーズンから、ワールドラグビーが提唱する試験的ルールが施行されていますが、試合に対する影響は限定的なものになると思います。南半球の代表戦がこの新ルールで行われていますが、今のところ、あまり大きな変化を見ることができません。ルールの微調整程度のものです。

もっとも大事なことは、ブレイクダウン上でのレフリーのルール（法）解釈です。これは、いつの時代も変わりません。ルールそのものより、レフリーの判断の方が大事なのです。モールでもラックでも、接点では激しい肉弾戦が起こる。そこでのペナルティの線引きが、ハイレベルな試合の結果を分けることになる。

ルール変更といえば、リザーブの人数変更も毎回話題に上がる項目ですが、2023年のワールドカップ後にこれが変わるとは思いません。なぜなら、議論を行う人たちの間で、まったくコンセンサスがとれないからです。現在の8人リザーブ制を保持すべきだという声と、これを少なくするべきだという声が割れており、簡単に決着がつく見込みがありません。

個人的には、リザーブの数を減らした方がいいと考えています。ディフェンスが疲れ、後半戦にスペースが生まれる。トライも生まれるでしょう。

先日スティーヴ・ハンセン（前ニュージーランド代表HC）とこの話題について話しました。彼の意見は、現在の8人でキープするべき、でした。彼の個人的な見解は、「現在のラグビーが抱えている問題は、リザーブの数ではない」とのことです。

このように、ラグビーを熟知した専門家たちの間でいろんな意見が出ています。この議論が一定のコンセンサスに辿り着く道筋が見えない。このルール変更は、そう簡単には結論は出ないでしょう。

ラグビーというゲームは、常に新しい時代に向けて常に進化の道を考えています。若い世代は『ＹｏｕＴｕｂｅ』などから多くのラグビー情報を得ているでしょう。個人スキル向上のための練習プログラムを発信するチャンネルなどもあるようですが、どの選手のプレーをコピーしたいか、どのコーチのチャンネルを見て学びたいかを決めるのも大事です。例えばＳＯのプレーを向上させたい選手は、ボーデン・バレットなどの選手のプレーを分析するといい。そして、自分なりの工夫をしてください。

鍛錬に励む選手たちには、レベルや年齢を問わず、日々自身を鍛え続けてほしいと思います。コーチ陣も、新しい知識や情報を吸収する意欲を持ち続けてください。

私は、イングランド代表の座をつかもうと必死に戦っている選手たちの偵察に励みます。ハードワークって、いいですね。

どうやって初戦に勝つか。頭の中はそれでいっぱい。

2022年3月号

例年であれば日本で正月を迎えるのですが、今年は日本の入国規制があり、イングランドで迎えました。

どこで正月を迎えようとも、年が明ければシックスネーションズの季節です。（イングランド代表メンバー発表6日前の時点で）私の頭の中では代表メンバーの85パーセントは決まっています。

残りの15パーセントは、発表前週末のプレミアシップの試合を観て、活きのいい若手を足す。もちろん、この週にケガ人が出る可能性もあります。

昨年のシックスネーションズは5位という屈辱に終わりました。しかし、夏と秋はガツンとやってやりました（夏の代表戦でアメリカとカナダ、秋はトンガ、オーストラリア、南アフリカを破り5連勝中）。夏以降、若手の新しい血を入れることで、チームは蘇りました。

昨年はヴニポラ兄弟（ＰＲのマコ、ＮＯ8のビリー）、ジョージ・フォード（ＳＯ）などの主力が代表から外れた年でした。

若手PRとしてデビューを果たしたビーバン・ロッドは楽しみな存在です。21歳であそこまでやれるPRは、将来に非常に期待できる。NO8にはアレックス・ドンブランドというパワフルで機動力にも優れた24歳の選手が現れ、SOには22歳のマーカス・スミスがデビューしました。新陳代謝も進み、チームは健全な状態です。

ただ、代表を外れた以前の主力組も、まだまだやれる年齢です。マコは31歳と、PRとしては脂の乗った年頃。ビリーは29歳、ジョージは28歳。この年代は若い頃からストレングス&コンディショニングというスポーツ科学とともに育っているので、10年前の30歳前後の選手に比べて遥かに若い肉体を保っています。

彼らを代表から外す決断を下したときには、もちろん一人ひとりと直接話をしました。一度外されたからといって、代表のドアは閉ざされたわけではない。どうすれば代表に戻ってこられるか、しっかりと説明しました。

4年サイクルで動く代表チームは、谷間の年に世代交代が起こることがよくあります。前回ワールドカップの主力が外れ、新しい選手が入ってくる。若手中心のチームが勝ち続ければ、代表を外れたかつての主力選手たちは望みを失ってしまうかもしれません。

これは、よくある間違いです。なぜなら、若手中心の代表チームが勝とうが負けようが、代表を一旦離れたベテラン勢ができることはクラブの試合で格の違いを見せ続けることだけだからです。若手にポジションを奪われて気落ちするような選手は、最初から私の代表チームには呼びません。

今シーズンのプレミアシップの試合を観ていると、ワールドラグビーが行った試験的ルールの影響が意外に小さい印象を受けます。50／22キックをはじめ、展開ラグビーを促すための改正だとよくわかりますが、ゲームの質は、ブレイクダウンからいかに早くボールが出るかで決まります。

プレミアシップに限らず今シーズンのレフリングは、世界的にブレイクダウンで攻撃側に有利な笛を吹く傾向が見られます。そうなると当然、よりスピード重視の戦術がトレンドとなります。この傾向は２０２３年までは続くのではないかというのが私の予想で、ワールドカップでは、これまでになかったような試合展開が観られるかもしれません。

とにかく、現在のプレミアシップは非常に充実しています。２シーズン前には降格寸前だったレスター・タイガースが、シーズン前半を終えた時点でダントツの首位。スティーブ（・ボーズウィック）がHCとしていい仕事をしているのは間違いないでしょう。

躍進を続けるレスターで私の目に止まった選手として、フレディー・スチュワード（FB）がいます。フレディーはこの夏、20歳の若さで代表デビューを果たし、秋の試合でも全試合出場を果たしています。今後、期待は大きく膨らみます。

激しく順位が入れ替わるプレミアシップは接戦、激戦の連続。その中から代表HCの目で、勝てる選手を呼び、合宿で鍛え、戦術を教えるのが私の仕事。これに主将、副将をはじめとしたリーダーシップグループを組み立て、チームとして機能し続ける環境を作る。いつまでやっても、この仕事に飽きることはありません。

ちなみに、チームの正式なリーダーシップグループは、3、4人で回しています。これに次ぐサブリーダーグループが、5、6人。これくらいの人数にリーダーとしての役割を任せておけば、ケガや不調、さらにはコロナ陽性があったとしても、チームとして機能することができます。

正月を日本で迎えることはできませんでしたが、リーグワンの試合はテレビで観ました。サントリーの開幕戦、東芝戦を観ましたが、バスケットボールのような試合でしたね。トライを取ったら取り返される乱打戦。60―46というのはおかしいでしょう。ザルのようなディフェンスの試合は、観ていて緊張感がありません。

今、私の頭の中はどうやってシックスネーションズ初戦のスコットランド戦に勝つかでいっぱい。

そんな季節が、やってきました。

若手のリーダー、選手たちの成長が著しい。

2022年4月号

シックスネーションズの初戦、スコットランド戦は残念な結果でした（17―20）。振り返ってみれば、試合の75パーセントは我々が支配していたと思います。ただ、その支配を得点に変えなければ何の意味もありません。

ラグビーに限らずサッカーやクリケットでも同じですが、イングランドのスポーツメディアというのは本当にうるさい。3点差で負けていた試合終了前の時間帯で得たペナルティで、この試合で初めて代表キャプテンを務めたトム・カリー（FL）が、ゴールを狙わずにラインアウトを選択しました。この判断について騒いでいました。この判断が正しかったかどうかなどと、バカなことを聞く輩もいました。

私は試合中の判断はすべて選手に任せています。選手が下した判断は常に正しい。もちろん、私個人にも意見というものはありますが、あの場面でのコーチ席から試合を観ている私の意見など、実際には何の意味も持ちません。

スコットランドに負けたあとの数日間、外野の騒音は本当にうるさかった。ですが、この手の雑音の対処方法は実は簡単です。チーム内の大切な声だけを聞き、雑音は無視すればいいのです。

選手たちはスマートフォンでニュースを見たり、それを見た友人や家族から何かを聞くかもしれません。しかし、そういう話は耳に入っても、頭の中に入れなければいい。イングランド代表というのはそういうもので、これはこのチームでプレーするための仕事のひとつだと言えます。

あまりうるさくは言っていませんが、新しく代表に入ってきた若手選手たちには、たまにそういう事情について、アドバイスをすることもあります。

第2戦のイタリア戦は、よいパフォーマンスを見せてくれました（33―0でトライボーナスポイントつきの勝利。この結果、第2節を終えて得失点差でイングランドが2位となる）。後半、ちょっとルーズになりましたが、前半は非常によいラグビーを見せてくれました。

イタリアは昨年秋にニュージーランドを相手によい戦いを見せ、今大会初戦でも前半はフランスを厳しく追い込んだチームです。そのチームを相手に完勝したうちの選手たちは、よくやったと言えます。

若手中心で挑んだイタリア戦のあと、マヌ・トゥイランギ（CTB）、ジョニー・メイ（W

TB)、ジョー・ローンチベリー(LO)などのケガ明けのベテラン組を代表合宿に呼びました。現在のチームは若手とベテランがうまくミックスしている状態です。彼らの経験というものは、若手にとって非常によい学びの機会になります。

同時に、若手たちはベテランをいい感じで焦らせています。マーカス・スミス(SO)やフレディ・スチュアード(FB)など活きのいい若手の存在は、チームにいい緊張感をもたらすエネルギーになっています。

さらに現在のチームには、マロ・イトジェ(FL/LO)、カイル・シンクラー(PR)、エリス・ゲンジ(PR)など、年齢的にはまだ中堅ながらも、ベテランクラスのテストマッチ経験を積んでいる選手もいます。チームは、とても充実しています。

今大会はオーウェン(ファレル。SO/CTB)、コートニー(ロウズ。FL/LO)の負傷を受け、トムがキャプテンを務めています。3人ともそれぞれ性格も違い、リーダーシップのスタイルも違う。ただ、3人とも体を張ってチームをリードするタイプです。トムはイタリア戦の前週、扁桃腺炎を発症してまともに練習ができない状態だったのですが、試合では本当にいい仕事をしました。独自の世界観を持った若者で、これからもリーダーの1人としてチームを引っ張っていく存在になるでしょう。

今大会第2節を終えて唯一2勝を記録しているフランスは、本命と見られています。実は、私はファビアン（ガルチエ代表HC）を選手時代からよく知っており、お互いに面識もあります。違うチームに所属する指導者と選手という立場でしたが、いろんなことを話したことも覚えています。

代表HCとして、私は試合前に相手がどんな戦術でくるかを読むという仕事をします。ウォーレン（ガットランド／元ウエールズ代表HC）のように、個人的によく知る仲のHCが相手の試合もあれば、まったく面識のないHCが相手の試合もあります。ですが、相手HCを個人的に知っているかどうかは、実は戦術の読みにはあまり関係ありません。

相手HCの性格をよく知っていることの利点としては、プレッシャーに対してどのような反応をするかがわかっているという点ですかね。

試合は勝つために戦います。相手HCの性格という情報を使って、試合前の記者会見で心理的なデュエル（決闘）を仕掛けることも、たまにはあります。うまくいくこともあれば、そうでないこともあります。

結果がよければメディアは私を知将として称え、そうでなければ徹底的に叩く。世の中、そんなものだと思います。私にできることは、外野の雑音を聞かずに、次の試合に勝つための準備をするだけ。

ずっと変わりません。

レ・ブルーを倒す。覚えておいてください。

2022年5月号

アイルランド戦は、残念な結果に終わってしまいました（3月12日。ホームで15―32の敗戦。試合開始82秒でイングランのLOチャーリー・ユールズが危険なタックルでレッドカード）。

しかし、その状況を理解した上での選手たちの戦いぶりは賞賛に値します。特に敵陣でのスクラムで徹底的に勝負を挑み、PGを決めて食い下がるゲームコントロールは正しい戦い方でした。

スクラムで再三に渡りペナルティを勝ち取り、エリス（ゲンジ／PR）が雄叫びを上げる姿がテレビに映し出されていたようですが、彼だけではない。

FW8人（イングランドはユールズの退場後、FLのコートニー・ロウズがLOに入り、WTBのジャック・ノーウェルがFLに入って8人でスクラムを組んだ）で勝ち取ったスクラムペナルティです。

イエローカードやレッドカードを受け、1人、さらには2人少ない状況で戦うときの戦術は練習しています。しかし、試合の最後の12分で判断ミスが重なり、やられてしまった。疲れていたのかもしれませんが、ミスはミスです。

その結果を受けて、イングランドのメディアはまた騒ぎ立てるでしょう。構いません。私は仕事に集中するだけです。

優勝の可能性が消えると、チームは本当に正しい方向へ向かっているのかと、疑問を持つ外野の人もいるでしょう。私が来年のワールドカップまで代表HCを務め続けるべきかと議論する人たちもいる。

そんなことは、イングランド代表HCの仕事を引き受けた時点でわかっていました。私がオーストラリア人だということが不利に働くことも十分承知でした。批判にさらされるのも、仕事のうちです。

人それぞれ自分の意見を持つのは結構なこと。当然、私には私の目で見たチームの姿というものがあり、選手たちが確実に成長しているのがハッキリ見えています。

世代交代を迎えたチームには、エネルギーに溢れた若手が出てきています。ベテランと修羅場をくぐり抜ける経験は貴重。間違いなくいい方向に向かっています。

その前戦のウエールズ戦はタフな試合でした（2月26日）。しかし、うまく試合をコントロールすることができました（カーディフでの試合は、23―19でイングランドの勝利）。

効率的に攻撃を続け、チャンスを確実に得点に繋げることができた試合でした。

マーカス（スミス／SO）も非常に上手に試合をコントロールした。フレディ（スチュワード／FB）も安定感のあるパフォーマンスを見せてくれました。

チームとしてはディフェンスに若干問題のある試合でしたが、こういう問題を修正するのは私の仕事です。この試合では、選手たちが現場で多くの知識を得ることができました。

最終戦（3月19日）で戦うフランスは、パワフルでかつバランスのとれたチームです。今大会の優勝候補に挙げられ、そして期待通りに開幕から4戦全勝。内容もよく、非常にいいチームです。

ですが、試合の中でパフォーマンスにムラがあるチームです。綻びは必ず出る。フランス戦へ向けての準備のポイントはFWです。パワーのある相手にこそパワーでぶつかり、当たり勝つ。これが、伝統的なイングランドの戦い方です。

このコラムを皆さんが読むときにはフランスとの決着はついていています。

私たちがその一戦を楽しみにしていたということだけは覚えていてください。

今大会の戦術のトレンドは、開幕直後から変わりません。ラックからボールが早く出てくるようなレフリングがある。その傾向を、プレーにどう反映させるのか。素早くチャンスを作り、ミスなく攻めることができるかどうかで結果が決まる。

フランスが今大会（最終戦前までに）で奪ったトライの8割は、4フェーズ以内での攻撃で仕留めています。見ての通り、今のフランスは素晴らしいチームです。間違いなく現在の欧州最高チーム相手に、どういう戦いをするか。選手たちは、早くから興奮していました。こうした大会では最後の試合ぶりにより、多くの人がチーム状態を判断します。

大会期間中の試合のない週は個々のコンディションにより、代表合宿からリリースした選手もいます。状態のいい選手は、代表の試合のない週はクラブで試合をさせることで調子を保つことができるからです。事情を知らないメディアは、前週の代表戦で活躍した選手を代表から外した、などと書き立てているようです。本当に、何もわかっていません。

逆に、代表戦のない週も合宿に残った選手の中には、中期的な疲労が溜まっていたり、軽い負傷を抱えている選手もいます。そういう選手の中には、できるだけ長い時間を代表合宿で過ごさせる方がいいケースもあるのです。

イングランド代表というチームは多くの注目を集めるので、外側から見たチームの姿と、内側にある本当のチームの姿に乖離が生まれることもよくあります。いろんな角度から好き勝手なことを言われますが、私はこのチームが好きです。

こんなに長い期間、このチームの指揮を執るなんて思ってもいませんでした。非常に長い旅路をチームとともに歩んでいます。

イングランドに戻り次第、ばりばり働きます。

2022年6月号

今年のシックスネーションズは、非常に残念な結果に終わってしまいました。仕方がありません。チームの大黒柱であるオーウェン（・ファレル／SO・CTB）をはじめ、数多くの主力選手たちのケガに泣かされました。その分、マーカス（・スミス／SO）をはじめとした若手たちにチャンスが訪れ、よいレッスンを受けることができました。

しかし、結果は結果として受け止めます。HCとして、私はいろいろと考えさせられました。

今は日本でつかの間の休息を楽しんでいます。幸運なことに、東京で満開の桜を前にテニスをプレーして楽しむ機会にも恵まれました。ハードワークにこだわるのが私の身上ですが、ときにはストレスを解消しなければなりません。いい汗をかき、心も体もリフレッシュしています。

来夏に始まるワールドカップ準備期間までの代表戦は、あと3シリーズです。今年の夏はオーストラリア遠征で3つのテストマッチを戦います。秋はアルゼンチン、日本、ニュージーランド、南アフリカとの4戦。その後、年が明ければ、いよいよワールドカップイヤーのシックスネーションズです。

限られたテストマッチを使って、いかにチームを強化していくか。これはいつでも考えていることですが、大会が近づくにつれ、より具体化されていきます。

ワールドカップで優勝するためには、ベンチ入りする選手も含めた試合メンバー23人で、合計800から850キャップ程度の経験が必要と以前話したことがあります。ですが、これはあくまで経験値の目安としての数字で、来年フランスで戦うイングランド代表の経験値は、これよりも少ないものになると思います。

比較的若いチームで大会を戦うことになるので、戦術的なスマートさなど、準備の面で経験の浅さをカバーする予定です。

これまで、私はスポットコーチと呼ばれる専門職のコーチを短期的に代表チームに呼んだこともあります。しかし、今年の夏のオーストラリア遠征ではその予定はありません。シックスネーションズを戦ったコーチ陣だけで、遠征に挑む予定です。

秋のテストシリーズについては、現状ではあまり詳細を考えていません。ワールドカップのプール戦で戦うことになるアルゼンチン、日本、そしてノックアウトステージで戦う可能性が十分あるニュージーランド、南アフリカとの試合は非常にいいベンチマークになる。ただ、秋の試合は随分先の話。対戦4チームの分析は、ほとんど手をつけていません。

昨秋のテストシリーズでは欧州勢が南半球勢に対して健闘したことから、「北半球と南半球の力関係が逆転した」と言う人も多いようですが、私はまったくそういう見方をしていません。

北半球、南半球がどうだこうだという議論をメディアで見かけることはよくありますが、唯一この地域別の区分けが意味を持つのは、それぞれのシーズンとピーキングのタイミングの違いです。

長いクラブシーズンの最後にテストマッチを戦うチームと、クラブシーズンの中盤でテストマッチを戦うチームでは、選手のコンディションが違います。

これは今に始まったことではなく、大陸を越えたテストマッチでは常に存在する条件なので、大騒ぎしたところで仕方がありません。

また、地域別、それぞれのチームが所属するリーグごとに戦術のトレンドというものが発生することもありますが、これが本番となるワールドカップの試合にどのような影響を与えるかは、誰にもわかりません。

現在、ラックからの早い球出しを促進するという世界的なレフリングの傾向があり、これが戦術に大きな影響を与えています。こうした傾向には対策も立てられていく。

休息中も、やはりラグビーのことは考えてしまいます。イングランドに戻ったあとは、すぐにプレミアシップ、欧州クラブ選手権の試合に足を運び、選手たちの状態に目を向ける予定です。

現在のイングランド代表は調子がいいと言える状態ではなく、いつにも増して改善が求められます。代表チームは4年サイクルで新陳代謝を繰り返す生き物のような存在です。ただ、チームは2週間で飛躍的な進歩を遂げることもあれば、2年間まったく進歩しないというケースもあります。当然、世界のラグビーは日々進歩を続けており、2年間も進歩がないチームは大きく後退していることになります。

多くの若手が入ってきた今のチームは世代交代の真っ最中で、2019年ワールドカップを戦った経験のある選手たちと激しいポジション争いを繰り広げているところです。若いうちは試合ごとのパフォーマンスにムラがある選手が多い。しかし、テストマッチの世界では、いかに安定したプレーを見せ続けられるかが重要です。そこが代表選手として大舞台で戦えるかどうかの基準になります。

課題は多いのは事実です。しかし個人的には、チームは非常にエキサイティングな時期にあると考えています。

日本で充電したエネルギーとともに、イングランドに戻り次第、ばりばり働きます。

この先もチャレンジを続けることだけ。

2022年7月号

イングランド代表は、5月末に3日間のミニ合宿を実施します。プレミアシップのシーズンが終了する6月にはバーバリアンズと戦い、7月にはオーストラリアに遠征して3連戦のテストシリーズです。5月の時点で、選手たちの意思統一を図り、コンディションをチェックします。

こちらのメディアで、ザック・マーサー（24歳／NO8。現在フランスのモンペリエに所属しているが、エディーとの会話後、来シーズンはイングランドのクラブへ移籍すると決めたとコメント。イングランドは、国外クラブ所属選手を代表に選ばないという方針がある）のことが話題になっているようですね。

彼のことはしばらく気にかけていました。ただ、少し前まではまだ若すぎるというか、テストマッチレベルの戦いに挑む準備ができていない状態でした。

当時の所属クラブ、バースではあまりいいシーズンを過ごしていませんでした。しかし、モンペリエへ移籍して一皮剥けた感があります。

昨年の12月に彼の試合を生で観る機会があった。非常に成熟したプレーを見せていました。もともと器用でダイナミックなプレーはできましたが、肉弾戦の部分で課題がありました。

フランスで激しい戦いに揉まれたおかげか、特にボール周りでのタフな仕事のレベルが向上していました。試合後に彼と直接話しました。その後も連絡を取り続け、「今の感覚で向上し続けていれば、代表入りのチャンスは十分にある。あとはお前の決断次第だ」と伝えました。

私はこれまでの長いキャリアの中で、多くの選手たちを代表デビューさせてきました。私も選手たちも、それぞれ忙しい日々を送っているので全員とコンタクトをとり続けることはできません。それでも、引退したあとも定期的にコンタクトをとっている選手はたくさんいます。

私の仕事は、プロ、特にテストマッチの世界にまで階段を上ってきた若者たちに、この世界でやっていくために必要な要素を与えることです。教育とは、それぞれの個人が持って生まれた才能を、いかに最大化させるかに尽きます。

オーストラリア代表HC時代の選手たちとは、比較的歳が近いこともあり、何人もの選手たちと現在でもよく連絡をとっています。その中で、マット・ギタウ（39歳／SO・C

ＴＢ）などは、日本の皆さんもよく知っている名前だと思います。彼は私のオーストラリアＨＣ時代にめざましい向上を遂げた才能溢れる若者で、代表での師弟関係をはじめ、いろいろと教育してきた自負があります。彼とは現在もよく連絡をとっています。あのときの若者が１００試合以上のテストマッチを戦い、39歳となった今も、アメリカでプロラグビー選手として活躍している。本当に嬉しい気持ちになります。

こちらのメディアでは、私がイングランド代表ＨＣの仕事を終える来年以降のことを取り上げています（イングランド協会は、ジョーンズＨＣとの契約が切れる２０２３年後は、イングランド人の代表ＨＣを雇うと発表済み）。フランスのラシン92や、２０２７年にワールドカップ開催が決まったオーストラリア協会などがアプローチしてきたと言っているようですね。それは確かです。しかし、私は現在、イングランド代表の仕事に１００パーセントコミットしているので、次の仕事のことを考える時間はありません。

ただ、オーストラリアの仕事の話を聞いて感情にこみ上げるものを感じるかと問われれば、イエスとノーが同時に出てくるというのが正直な気持ちです。私の家族や親族、子どもの頃の友人のほとんどは、今もオーストラリアに住んでいます。

私がオーストラリアに最後に「住んでいた」のは２００６年。その後も可能な限り帰国はしていますが、長いこと故郷を離れて暮らしています。２００６年以降に過ごした時間で言えば、日本の方が長いかもしれません。私は、いくつかの国に強い愛情を感じています。それは、オーストラリアだけではありません。

現実的に考えて、すべてはフランスでのワールドカップの結果次第です。結果がどうなろうとも私は次の仕事を探すことになりますが、相思相愛という関係を築ける相手と一緒に仕事をしていくことになると思います。

私とイングランド代表との、現在のような関係を築けるような相手と一緒に仕事をしていければ幸せです。２０１５年の地元開催ワールドカップでイングランドは予選リーグ敗退と傷ついた。そのチームを蘇らせる仕事です。情熱を持って取り組んでいます。

日本代表とも、同様の関係を築けたと思っています。新しいチームを作り上げるという仕事でした。

私は数年かけて取り組むプロジェクトが好きです。いい仕事ができる環境というのが条件です。次の仕事がどこになるにせよ、仕事とはチャレンジで、私はチャレンジが大好きです。

私は今の仕事に１００パーセントのエネルギーを使っているので、先のことは分かりません。頭の中は、夏の遠征で、オーストラリア代表相手にどうやって3連勝するかでいっぱいです。

ワラビーズの倒し方なら知っている。

2022年8月号

この季節の、イングランド・ラグビー界の風物詩とも言えるでしょう。バーバリアンズ戦です。その試合に向けての代表選手を発表しました。

この試合はプレミアシップのプレーオフファイナルと同じ週末に実施されるため、決勝に残ったクラブからは選手を選べません。その分、若手にチャンスが回ってきます。そして、当落選上の選手たちがアピールする機会です。

今回は、ダニー・ケア（SH／35歳／84キャップ）の代表再招集が話題になっているようですね。ダニーは、クラブで好調を保っていますし、ベン・ヤングス（SH／32歳／110キャップ）のほかに経験豊富なSHが必要だと考えて招集しました。

ベンは家族の事情で、バーバリアンズ戦後に行われるオーストラリア遠征に参加できないかも知れないので、その際はダニーにもチャンスが回ってくる。もちろん、バーバリアンズ戦でいいパフォーマンスを見せるのが絶対条件です。

ほかにも再招集されたベテラン勢では、マコ・ヴニポラ（PR／31歳／67キャップ）、ジャック・ノーウェル（WTB／29歳／34キャップ）、ジョニー・メイ（WTB／32歳／67キャップ）などが注目すべき選手でしょう。

彼らを代表から外した際、どうすれば再び代表に戻ってこられるかを伝えました。選手それぞれに細かい技術的な話はありますが、要するに絶好調と言える状態でなければ代表ではプレーできません。

それから、どれだけキャップを重ねていようと、何歳になろうと、常に学び続け、常に向上を続けることが必須条件です。ただがむしゃらに頑張るのではなく、賢く頑張らなければいけない。こうしたアドバイスをクラブでしっかりと実践し、結果を見せた選手はしばらく代表から離れていても、復帰するチャンスは十分にあります。

現在チームは再建、世代交代、などの言葉で表現される状態にありますが、ただ若手選手だけを新しく呼べばいいというものではありません。

どんなスポーツのどんなチームでも、チーム内の経験値と若さをうまくミックスする必要があり、そのバランスをとるのがHCである私の仕事です。

ベテラン選手が若手選手にいろいろとアドバイスを与えるのは当然ですが、ベテランも若手からいい刺激を受けています。経験の浅い若手選手は、恐れを知らず、大胆なプレーをすることが多い。そういうプレーがいい刺激になっています。

これはスポーツに限らず、一般社会の組織にも言えることでしょう。経験の浅い若者は、自分には何でもできると考える。経験を積んだ人間は、過去の経験から何でもできるなんてことはない、と考える。

バランスは必要ですが、情熱とエネルギーに溢れた若者が、組織に新たな活力を与えている例は、皆さんも身近で経験されたことがあるのではないでしょうか。

私がイングランド代表HCに就任してからのオーストラリア戦の戦績は、これまで8戦8勝。「その連勝記録がプレッシャーになるか」と聞かれることもありますが、特別なストレスを感じることはありません。相手が誰であろうとテストマッチは常に大きなプレッシャーの中で戦うもので、連勝中だろうと連敗中だろうと、チームは常に重圧の中にいます。

ただ、我々が一番身近に感じているプレッシャーは、チームの内部から発生するものです。周囲が結果を期待したり、パフォーマンスについていろいろ言うのは結構なことですが、我々は常に勝たなければならない。常に最高のパフォーマンスを見せなければならない。自分たちで、そんなプレッシャーをかけています。

ネガティブなプレッシャーではなく、強烈な願望、という表現が正確でしょうか。周囲の応援や期待、批判などはプロスポーツの一部です。現在のイングランド代表は、外部で何を言われてもチームの状態には特に影響は及ばない。

これまでのワラビーズ戦の戦績には、私がオーストラリア人のスポーツ選手のメンタリティを理解している、という要素が多少は影響しているのかもしれません。

どんなスポーツでも果敢な攻撃を好み、真正面から徹底的に戦おうとする。その姿勢はオーストラリア人気質です。それを知った上で戦術を立てることができるのは事実です。ただ、チームというものは常に変わっていく。この夏戦うワラビーズがこれまでのチームとは違うチームであることは間違いありません。過去の戦績など気にせず、新しい気持ちで戦います。

私のイングランド代表との契約が来年のワールドカップ後に切れることから、次の仕事について聞かれることもあります。

しかし、ワールドカップの結果次第で私の未来は大きく変わる。なので、何を聞かれても「わかりません」としか言いようがありません。

日本代表で仕事をしたいかと聞かれても「わかりません」としか言えませんが、少なくとも詳しく話を聞きたいとは思います。

その前にオーストラリアを倒さなければ先へは進めません。次の仕事のことは、未来の話です。

過剰取り締まりを喜ぶ人はいるのか？

2022年9月号

以前も話しましたが、オーストラリアとイングランドには、ラグビーに限らず様々なスポーツで伝統的に激しいライバル関係があります。

イングランドのこの夏のオーストラリア遠征では、初戦はオーストラリア、第2戦はイングランドが勝ち、最終戦でシリーズ勝者が決定するという、両国のファンの皆さんにとって非常に見応えのある展開になりました。

オーストラリアのメディアでもイングランドとの3連戦は大きく取り上げられており、イングランドに対抗する血気盛んなコメントも聞かれ、盛り上がった。結構なことです。

目の前の戦いに集中する日々を送った7月ですが、ほかのチームの試合も観ています。日本とフランスの試合も観ました。まだ細かい分析をする段階ではありませんが、日本はワールドカップで同組の相手です。これまで以上に、特別な眼で見つめています。

2015年のワールドカップを一緒に戦った選手も残っています。当然、日本は倒しにいく相手としか見ていません。11月には4年ぶりにトゥイッケナムで対戦します。

以前指導した選手たちが今もチームを引っ張っている姿を見ると、胸に込み上げてくるものがあります。指導者とは、そういうものです。

日本×フランスだけではなく、ほかのテストマッチも時間のあるときに観ています。

トップレベルのテストマッチの難しい現実をあぶり出したのが、ニュージーランド×アイルランドの2戦目でした。トップレベルのアスリートたちが必死で戦う大舞台です。両チームともに反則ギリギリの激しいプレーを連発し、ときに事故としか言えないコンタクトの場面も発生します。

微妙なプレーがあるたびにTMO（テレビジョン・マッチ・オフィシャル）が試合を中断し、レフリーもイエローカードやレッドカードを出さざるを得ない状況になり、ひとつの事故が試合の結果を決めてしまう。

激しいコンタクトが起こるたびに試合を止め、スローモーションを競技場の巨大スクリーンに映し出して「ああだこうだ」と議論することに辟易しています。そうしている間に試合のリズムが止まってしまい、選手たちのアドレナリンも冷めてしまう。観戦に来ているファンたちも、試合をTVで観ているファンも、興醒めしてしまいます。

現在の世界のトップレベルのラグビーが直面している大きな問題として、脳震盪に繋がるような危険なプレーはイエロー、レッドカードで厳しく取り締まる流れがあります。

選手たちを守る。ラグビーをより安全なスポーツとする。そんな目的で、大ケガに繋がるような危険なプレーを取り締まるのは、正しい流れだと思います。しかし、過剰な取り締まりは、それだけで実力が拮抗したチーム同士の僅差の試合を壊してしまう。

テストマッチレベルのレフリーは、プロとして正しい仕事をしているだけですが、レフリーたちの仕事の難しさも、過剰なレベルに高まっています。

競技場内のあらゆる角度からカメラがすべてのプレーを撮影し、それを監視するＴＭＯ、そしてグラウンド上のレフリーたち。それぞれがコミュニケーションをとりながら、どんなに微妙な反則も見逃さないように目を凝らしている。

何の悪意もなく、まさに事故としかいいようのないコンタクトの結果、一発でレッドカードをもらう選手の気持ちも考えてみてください。

頭部に近い部分にコンタクトを受けた相手が、まったく何の負傷もせず、何事もなかったかのように立ち上がって次のプレーに向かう。その選手へのタックルに入った際、たまたま肩が相手の頭に当たっただけで退場させられるのは、ラグビーというゲームの本質として、いかがなものでしょう。

選手たちだけではなく、チームを指導するＨＣやコーチ陣の目線というものも忘れないでいただきたい。それが、私の正直な意見です。ルールに則って激しいプレーをするよう指導するのが我々の仕事ということは理解しています。それでも微妙な判定で試合が大きく変わってしまうのであれば、何のために選手たちとハードな日々を過ごしてきたのかわからなくなる。

そこで提案なのですが、ワールドカップに出場するレベルの選手、レフリー、コーチ陣が集まって、我々が愛して止まないラグビーというスポーツが、今後どういう方向へ向かっていくべきか協議する必要があると思います。

激しい肉弾戦を繰り広げながらも、選手たちの安全性を考慮し、かつ試合を観ているファンたちが面白いと思えるスポーツにしなければならない。

我々が愛して止まないラグビーというスポーツはどこへ向かっていくべきなのか？　その考察は、今後も続けていく予定です。

母国で過ごした楽しい時間。今の仕事は、私の生き甲斐。

2022年10月号

この夏のオーストラリア遠征は最終戦に勝ち、無事に勝ち越しで終えることができました。ヴニポラ兄弟（PR マコ／NO8ビリー）をはじめとした代表復帰組と、マーカス・スミス（SO）、フレディー・スチュアード（FB）、ヘンリー・アランデル（WTB）など新世代の代表組がともに戦う遠征になりました。

様々なタイプの選手たちが時間を共有したいい遠征でした。3戦全勝で遠征を終える予定でしたが、2勝1敗は合格点です。

遠征初戦に敗れ、残る2試合はまったくミスが許されない状況になりました。これはこれで、いい教材になりました。

2021年9月から今年の7月まで、代表選手たちはイングランドのプレミアンップで、非常に長いシーズンを戦ってきました。

そういった背景もあったので代表合宿での練習は午前中だけにして、午後は選手たちにオーストラリアの雄大な自然や観光名所を楽しむ時間を与えました。

一般的なチームであれば自由時間を与えると、ワールドカップ経験組のベテラン、新世代の若手、どちらに所属していいのか判断のつかないグループなど、チームが分断してしまいます。しかし、私たちのチームは違いました。

例えばワールドカップ経験組のベテラン、ヴニポラ兄弟が、アランデルを連れて観光に行っていました。ヴニポラ兄弟はトンガ系の移民で、アランデルは白人の軍人の家庭で育った若者です。なかなか混ざりにくいタイプ同士が、自然とグラウンド外でも絆を深めるのがイングランド代表というチームです。

リーダーは1人ではない。それが私のチームの方針です。

ケガでしばらく代表戦を欠場していたオーウェン・ファレル（SO／CTB）は復帰後の遠征でいつも通り素晴らしいパフォーマンスを見せてくれましたが、この遠征のキャプテンはコートニー・ロウズ（LO／FL）でした。ファレルはリーダーシップグループの一員で、彼をはじめ、それぞれのリーダーがリーダーシップグループ内で自分の個性を出していく。そんなチームです。

激しいタイプのファレルと、とにかく落ち着いているロウズ。これにジャック・ノーウェル（WTB）、エリス・ゲンジ（PR）など、後輩の面倒見がいいタイプがリーダーシップグループに加わる。ノーウェルもゲンジも長くテストマッチレベルの名選手として活躍を続けており、若手からの尊敬も非常に厚い存在です。そして、それぞれ熱い。来年の大勝負に向けて、チームは順調に仕上がっています。

私は今回の遠征後、選手たちがイングランドに帰ったあとにコーチ陣と一緒にオーストラリアに残り、さらに学び、充電しました。家族や親戚、私が選手時代にプレーしたランドウィッククラブの仲間とも久しぶりに会い、よい時間を過ごすことができました。

ランドウィックの仲間はラグビーがアマチュアスポーツだった時代の仲間です。今は皆、ラグビーとは関係のない仕事で人生を過ごしています。私のようにプロラグビーの世界で生きている人もいますが、昔のラグビー仲間の多くは、一般社会に生きる熱心なファンとしてラグビーを見つめています。みんな、本当に興味津々でいろんな質問をしてきます。昔からの仲間たちとの充実した時間は、いい充電になりました。

オーストラリアで一番人気のあるスポーツはオーストラリアンフットボール、次が13人制のラグビー・リーグで、そのあとに様々なスポーツが同じくらいのレベルで並ぶ。15人制のラグビー・ユニオンは、そのグループです。

代表チームはワールドカップで優勝した経歴（1991年と1999年）もあり、15人制ラグビーはオーストラリアでメジャースポーツだと思っている日本のファンもいるかもしれませんが、そうではありません。オーストラリア人が、国民性として「スポーツが大好き」という性格は間違いありません。しかし興味が分散することもあり、スポーツメディア内で15人制ラグビーに割かれるスペースは限られる。この点は、ラグビーがメジャースポーツとして確固たる地位を確立しているイングランドと大きく異なります。

私は現在、イングランド代表を来年のワールドカップで勝たせることに集中しています。しかし、あと1年と少しでこの仕事も終わります。次の仕事をまったく考えていないと言ったら、それは嘘になります。

オーストラリアラグビー協会から、いろんな形でオーストラリアのラグビーに関わる仕事の相談も受けています。ただ私は、HC以外の仕事には興味がないのです。

私が次に考えている仕事のひとつとして、ラグビー・リーグのプロクラブのHCという仕事があります。ナショナル・ラグビー・リーグ（NRL）というオーストラリアの最高峰リーグがあるのですが、その舞台は何が起こるかわからず、優勝争いも混沌としている。多くのスポーツファンの注目を集めます。面白い仕事のひとつです。

ラグビーがプロ化を迎えた1995年、私は東海大学ラグビー部のコーチとして初めてプロの指導者になりました。当時の私は30代半ばで、教師としてのキャリアをすでに確立していました。ラグビーの仕事を始め、27年の歳月が経ちました。しかし、仕事に対する情熱は一切冷めていません。私の生き甲斐です。

全勝がノルマ。日本はキッチリと倒しにいきます。

2022年11月号

ラグビーチームのHC。私の生き甲斐です。

イングランドでは、プレミアシップが開幕する季節を迎えました。選手たちは夏休みを過ごしたあと、それぞれのクラブでプレシーズントレーニングを行い、ワールドカップ前の最後のシーズンに向けて燃えています。大舞台に向けて、今の代表チームがいるべきところにいるかと聞かれれば、正直言ってわかりません、というのが答えになります。コロナ禍により、事実上2年間に渡って成長の機会を失ってしまった、というのが現実です。もちろん、これはどのチームにとっても同じことですが、2023年ワールドカップに向けた4年サイクルは普段とは大きく違うものになってしまいました。

さらに、オーウェン・ファレル（SO／CTB）をはじめとした代表主力組が所属するサラセンズがサラリーキャップ違反の処分を受け、2部のチャンピオンシップで1シーズン過ごすことになりました。この影響がなかったと言ったら、嘘になります。事実、サラセンズの選手たちの2部で過ごしていたシーズンの代表戦でのパフォーマンスには問題がありました。まあ、いろいろとありましたが、我々は1日1日を大事にし、日々向上に努めるだけです。

ちなみに、私はオーストラリア遠征後、選手たちの視察で忙しくなるプレミアシップ開幕までの期間、コーチとしての自分を高めるための活動に時間を費やしました。ザ・ラグビーチャンピオンシップの視察のために南アフリカへ行き、コーチングの新しいアイディアなども学んできました。

イングランドに戻ってきてからは、プレミアシップのクラブ訪問もこなしてきました。代表HCとして、国内クラブとの関係を良好に保つのも、仕事のひとつですからね。

今後の予定は、まず秋のテストシリーズ。いいパフォーマンスで結果を残すことに注力します。10月2日から3日間の代表ミニ合宿を行い、10月26日からの合宿で初戦のアルゼンチン戦に備えます。準備合宿の前半はジャージー島というイギリスの離島で行う予定です。昨年の秋もジャージー島でテストシリーズに向けた準備合宿を行っており、気候もよく、素晴らしいトレーニング施設も整っており、今年もここで合宿を行うことにしました。選手、コーチ陣ともに評判もよく、ラグビーに集中するには非常にいい環境です。その後はイングランドラグビーの本拠地、バグショットの合宿所で11月6日のアルゼンチン戦に向けて準備を行います。

この秋はアルゼンチンのほかに日本、ニュージーランド、南アフリカと対戦しますが、当然全勝がノルマです。特にアルゼンチンと日本はグループステージで対戦する相手なので、キッチリと倒しにいきます。

イングランド代表というチームのアイデンティティは、強固なセットプレーと、激しい肉弾戦のもとに成り立っています。こうした伝統的な強みにさらに磨きをかけ、さらに新しいものをつけ加えていくのが強化方針です。

ワールドカップ準備合宿に入る前のテストシリーズは、この秋と、来年のシックスネーションズのみです。チーム内の競争もいいレベルで激しさを増しており、残された時間を使ってさらなる進化が期待できます。現在のチームは、若手とベテラン勢がうまくミックスされ、非常によい状態にありますからね。

ファレル、コートニー・ロウズ（LO／FL）のような2019年ワールドカップの時点から主力で活躍し続けている大黒柱的な選手、マーカス・スミス（SO）、フレディ・スチュワード（FB）のような、その後の4年サイクルで代表入りしキッチリと活躍している選手。それぞれ、ラグビー選手としてのキャリアで違うフェーズにいる選手たちが、お互いを非常にいい形で刺激し合っています。

私がHCを務めるチームでは、選手たちは常に向上し続けていなければポジションを失うことになるとハッキリと伝えてあります。実際、テストマッチでいいプレーが見せられなかった選手は代表から外れていますが、選手たちには必ずなぜ外れたのか、そして何を改善すれば代表に戻ってこられるかも明確に伝えています。

この夏のオーストラリア遠征で代表復帰を果たした、ビリー・ヴニポラ（NO8）などはそのいい例です。ビリーはサラセンズ所属のイングランド代表選手の1人で、2部でプレーしたシーズンの影響からかテストマッチであまりいいパフォーマンスを見せることができない時期がありました。その後、サラセンズが無事にプレミアシップに復帰し、高いレベルでの試合を重ねたビリーのパフォーマンスは確実に向上し、夏の遠征での代表復帰となりました。

代表を外されてふてくされたり、希望やモチベーションを失ってしまうようでは、そもそも代表選手としてプレーする資格はありません。もちろん、代表選考の基準はプレーの質が第一ですが、厳しい状況が連続するテストマッチで戦うためには、精神的な強さも必ず必要になります。試合中だけでなく、代表漏れなどのつらい経験もしっかりと受け止め、立ち上がる精神的な強さは代表選手として欠かせない資質です。

この秋のテストシリーズは『ミニ・ワールドカップ』。

2022年12月号

以前にも話ましたが、今年の秋のテストシリーズは、イングランドにとって「ミニ・ワールドカップ」とも言えるシリーズです。

ワールドカップのプールステージで同じ組のアルゼンチン、日本、その後のノックアウトステージで対戦する可能性のあるニュージーランド、南アフリカと対戦します。

それぞれの相手の戦い方をよく知る機会であると同時に、相手が我々をよく知る機会でもあります。

基本的に、イングランド本来の力強いセットプレーと、強固なディフェンスを武器にした戦い方をする予定です。以前より速いテンポでの攻撃を目指しています。

現在のテストマッチレベルでのトライの75パーセントは4次攻撃以内に生み出されています。次の攻撃に移る際の素早いブレイクダウンがカギ。それは、この秋の我々の大きな強化ポイントのひとつです。

初戦のアルゼンチン戦は、強烈な肉弾戦になると思います。マイケル・チェイカHC就任後、チームは非常にいい方向に向かっているように見えます。特に新しいラグビーを植えつけようとしているのではなく、アルゼンチン本来の戦い方に磨きをかける強化方針がうまくいっているようですね。

ザ・ラグビーチャンピオンシップでの戦いぶりにはアップダウンがあったように見えますが、侮れない相手です。歴史的な背景もあり、イングランドとアルゼンチンの戦いは選手たちも熱くなりがちです。熱いバトルになると予想しています。

日本との対戦には、やはり特別な思いを感じます。そもそも、日本という国自体に個人的な繋がりがありますし、代表チームには私が指導した選手もまだ何人かいますから。

彼らには頑張ってほしい。ただ、我々もプロとして必死に戦っています。全力で叩きにいきます。

油断はありません。秋の欧州遠征に向けて非常に潤沢な準備期間を確保し、オーストラリアAと3試合、その後オールブラックスと対戦したあと、我々との対戦を迎えるという点で警戒します。

初めてトゥイッケナムの大観衆を前にしての戦いは、どんな選手でも緊張するものです。しかし今の日本代表には、4年前にトゥイッケナムで、すでにこの経験をしている選手が多数います。

その後のオールブラックス、南アフリカ戦も勝ちにいきます。ただ、正直言ってすべて手の内を見せるような戦い方はしません。あくまで本番は来年のワールドカップで、本番で勝つことが何より大事です。

代表チームのＨＣはワールドカップを軸にした4年サイクルの仕事だと以前にもお話しました。前回大会以降、これほど強化が難しいサイクルはありませんでした。

コロナ関連規制下で何が起こるかわからない状態で、突然現れる難題に急遽対応するための能力が問われる場面も数多くありました。テストマッチの中止により、事実上2年分の強化期間を失ったことになります。一方で、仕事としてラグビーに関われる幸せを改めて感じさせてくれた期間でもありました。

若手の選手たちはプロ選手としての成長期にあたる2年間を失ったことにもなりますが、本当によい選手は、どんな状況にあろうとも自分を高めるためには何でもします。ロックダウン中に自宅にジム用具を仕入れ、見事にビルドアップされた体でチームに戻ってきた選手もいます。この期間は私自身も指導者として、いろいろと難題に対応する術を学びました。

本物のプロというものは、どんな状況にあろうとも不満を漏らさず、いいパフォーマンスを見せるものです。逆境に文句を言う暇があったら、与えられた状況で何ができるかを考えるべきです。

ところで、イングランドのプレミアシップでは、ウスター・ウォーリアーズとワスプスが破産宣告を受けるという、非常に残念なニュースが話題になっています。

選手やクラブのスタッフ、ファンたちのことを考えると、本当に心が痛みます。実は私も教員時代に給料の支払いが遅れるという経験をしたことがあり、関係者たちがいかにつらいときを過ごしているか想像できます。これにより、今後のプレミアリーグがどのような道を辿っていくかを決めるのは私の仕事ではありませんが、興味深く見守っていきます。

日本ではリーグワンという形でプロ化に進む国内リーグがスタートを切っていますが、私は個人的には現在の、事実上のセミプロという形でいいのではないか、と思っています。どんな国のどんなスポーツでも、国内リーグというものには、その国独自の事情が介在しているものです。大企業が事実上のオーナーとなりながら、地域へ根ざしたクラブ運営を目指すというリーグワンのやり方は日本独特のモデル。これはこれで、よいやり方なのではないでしょうか。

11月12日のイングランド戦を観にスタジアムにやってくる日本のファンの皆さんには、トゥイッケナムの雰囲気を十分に楽しんでもらいたいです。試合前は君が代だけでなく、イングランドのナショナルアンセム、『God Save The King』も大きな声で歌ってください。

すべてを見せずに勝つ。それが「3年目」の仕事。

2023年1月号

今年のオータム・ネーションズシリーズ初戦のアルゼンチン戦は落としてしまいましたが（29—30）、11月12日の日本戦はいいパフォーマンスを見せることができました。

4年前の対戦では前半に経験の浅い若手を起用してリードを許しながら、後半から主力を投入して試合を決めるという形でした（前半は15—10と日本がリードも、後半にイングランドが25得点。35—15で勝利）。

ですが、今年はキッチリと前半から日本に勝つためのメンバー、そして後半で試合を決めるクローザー（エディーがベンチ、と言わずによく使う言葉）を投入して盤石の勝利でした（52—13）。

日本のスピードに対応できる選手を揃えながらも、セットピースと強固なディフェンスで相手を圧倒するという伝統的なイングランド代表の強さを出せました。

今年のオータム・ネーションズシリーズでのイングランドの選手は、背番号の上に選手の名前がプリントされたジャージーを着て試合に出場しています。日本のファンの皆さんが日本代表を応援するのは当然ですが、日本以外の相手と対戦するときは選手の名前を覚えてイングランドを応援してもらいたいです。

我々は、日本戦の翌週のオールブラックス戦（11月19日）も重要な位置づけに置いてきました。今年のザ・ラグビーチャンピオンシップでの戦績から彼らの調子が落ちていると見る人もいましたが、侮るような相手でないことはわかっています。

２０２３年ワールドカップへ向けた今回の4年サイクルは、コロナ禍で事実上2年間を失うという前代未聞の状況です。多くの人が尊い命を失い、世界が大変な時期を過ごしたあとでもラグビーに関わる仕事ができていることには非常に感謝しています。

この失われた2年は世界のラグビーに様々な影響を与えました。そんな中、現在のオールブラックスはチームの変革を行っている時期に見えます。テストマッチの世界は、常に厳しいプレッシャーと大きな期待の中で戦う世界です。ほかのメンバーの負傷の状況などもありますが、ジョーディー・バレットを12番、ボーデン・バレットを15番で使うという起用は、相手チームにとって非常に危険な布陣になる。調子に波があるのはどんなチームでも同じですが、秋に入って調子を上げています。

それを考えると、負けは負けではありますが、10月の試合で、オールブラックスを相手に真剣勝負し、競った日本代表の実力は本物です。

ちなみに、オールブラックス戦でオーウェン（ファレル、ＳＯ／ＣＴＢ）は記念すべき１００キャップ目を迎えました。キャプテンとして試合に出場するか否かに関わらず、類い稀なリーダーシップを持った選手で、イングランドにとってもっとも重要な選手の１人です。

彼はこうしたお祝いごとを喜ぶ性格ではなく、あくまでチームの勝利と試合でのパフォーマンスのみに集中するタイプの選手です。１００キャップに関しても、自身より、周りで彼を支えてきた人たちやチームメイトたちが喜ぶ機会なのかもしれません。もちろん、私も代表ＨＣとして彼の実績に敬意を表します。

以前にも話しましたが、今年のオータム・ネーションズシリーズは、我々にとってのミニワールドカップです。

アルゼンチンには敗れてしまいましたが、来年ではなく、この秋に不覚をとったのはそれほど悪いニュースではありません。

日本戦は、ゲームプランがうまくいきました。ちなみに、日本の戦い方は伝統的にスピード重視で、今もそうであることに変わりはありません。しかし、極端なユニークさは少し薄れてきているように見えます。

私がＨＣを務めていた頃から日本のラグビーは大きく進化し、そして変化しています。

例えば7月のフランス戦では、FWの合計体重でフランスを上回った。私がいた頃では考えられなかったような布陣を敷くことが可能になっています。代表の強化プログラムも順調に進んでいるようですね。このような布陣を敷くことが可能な選手層が築き上げられているということです。

ただ体重が重いだけのFWの選手を起用しているのではなく、多くの面で代表レベルのプレーができ、かつ体重のあるFW選手が十分にいるということ。まぁ、来年フランスで戦うときは、またキッチリと日本を叩きます。

テストラグビーの世界で長年仕事をしていると、今年は3年目というのが業界の常識です。テストマッチは毎試合勝たなければなりませんが、一番大事なのは4年に一度の大勝負です。この秋は、絶対に勝たなければならない試合を戦いながらも、手の内のすべてを見せることはできません。

このバランスを保ちながら、全部勝ちにいかなければならない。それが、代表HCのサイクル3年目の仕事です。

日本戦直後から、私の頭の中はオールブラックスをトゥイッケナムでどうやって叩くかでいっぱいです。それが終われば、次戦（11月26日）の南アフリカをどう叩くかを考える。常に全力で考えています。

次で、ヘッドコーチのキャリアは終えるつもりです。

2023年2月号

（今年のオータムネーションズ・シリーズの最終戦、13―27で敗れた）南アフリカ戦のあとに、嫌な予感がしました。試合が終わった瞬間、ＲＦＵの幹部のサポートを完全に失った気がしました。

契約解除のためのレビュープロセスが始まると感じました。これは、ＲＦＵの後任探しの始まりでもある。南アフリカ戦後、もともと来年のワールドカップの準備のためにフランスへ向かう予定が入っていたので行きました。私のロンドンへの戻りに合わせて、レビューが始まった。

ある意味、（シリーズ3戦目の）オールブラックス戦（25―25）の前にはＲＦＵが契約解除に動いていると気づいていました。関係者の言動がこの辺りから変わり始めていたので。イングランド代表の仕事を7年もやっていれば、ＲＦＵの意思決定者の動きは何となくわかります。

チームの調子が落ちたとき、同じようなことは以前にもありました。ＲＦＵがメディアに状況を説明する。メディアがＲＦＵのほのめかした内容を拡散し、ファンの合意を得るというやり方ではないでしょうか。

契約解除の動きは、実はかなり前からあったような気がします。実際に決断する機会を待っていたのでしょう。スポーツの世界では、よくある話です。ＲＦＵからの説明は、「結果がついてきていない」というものでした。

契約解消後に関して、イングランド代表と直接競合するところで働くことを禁止する条項は含まれていません。手切れ金を払うので、あとは好きにしていい。そんな内容です。契約とは要するにビジネスです。一般社会では業績に対し、株主や投資家からのプレッシャーがある。プロスポーツの世界では、戦績に対してメディアやファンからプレッシャーを受ける。うまくいっていないときは変化をもたらすための流れが発生し、スポーツの世界では、その力がＨＣに向かうものです。

２０１９年ワールドカップ後に契約延長のオファーを受けた際、次の４年の仕事がより難しいものになるとわかっていました。しかし、自らコミットする決断をしました。それをまっとうできなかったのは残念です。

要するに、次世代のチームを素早く作り上げることができなかったということです。クラブレベルでの世代交代の時期には、少しぐらい負けが込んでも受け入れられる。しかし代表チームは、そうはいきません。

現在のチームには、ジャック・ヴァンポートヴリート（ＳＨ）、マーカス・スミス（ＳＯ）、フレディー・スチュアード（ＦＢ）、ウィル・ジョセフ（ＣＴＢ）、ヘンリー・アランデル（ＷＴＢ）、デイヴィッド・リバンズ（ＬＯ）をはじめ、代表でのキャリアをスタートさせたばかりの有望な若手選手が多数いる。彼らが、今後素晴らしい選手になるのは間違いありません。

現チームのひとつ上の世代にも、私の在任中に大きく伸びた選手がいる。エリス・ゲンジ（ＰＲ）、カイル・シンクラー（ＰＲ）、トム・カリー（ＦＬ／ＮＯ８）、ジョニー・メイ（ＷＴＢ）らです。彼らは伸び代のあるダイヤの原石の状態で代表入りし、見事に輝いた。

メイは今年で32歳ですが、身体のケアを徹底し、とにかく自分の武器をあくなき追求心で磨く選手なので、まだまだ伸びるでしょう。

私の後任候補とされているスティーヴ・ボーズウィックは、日本でもイングランドでも一緒に仕事をした仲です。彼の仕事のスタイルはよく知っています。非常に几帳面。キッチリとしたタイプで、ＨＣとして、正しく、いい仕事をするのは間違いありません。前任者として何かアドバイスを与えるとすれば、「メディアの言うことは聞くな」ということぐらいですね。

7年間のイングランドでの仕事を振り返って今の気持ちを語るなら、何の後悔もない、という言葉に尽きます。あのときああしておけば、という考えは一切ありません。

現在、私はキャリアの終盤に差しかかっています。たとえ来年のワールドカップでイングランドを指揮していたとしても、あとひとつ仕事をして私のキャリアは終わりを迎えます。現在は、次の仕事として何があるのかを見て考えているところです。

要するに、私はどこで引退するかということです。オーストラリアでラグビーに出合い、HCとしての仕事は日本で始めました。キャリアの最後は、どちらかの国で迎えたい。それが今の正直な気持ちです。

来年のワールドカップに「何かしらの仕事」で関わりたいかと聞かれれば、ノーです。ワールドカップに関わる仕事としては、HC以外に興味はありません。2007年に南アフリカ代表のテクニカルアドバイザーとして働きましたが、それは過去の話です。

今年を振り返ると、残念な年だった。しかし、ひとつのドアが閉じたときは、新しいドアが開くものです。年末には日本へ行き、オフの間にサントリーで長年やっている指導をやり、ラグビークリニックもやります。そうしているうちに新しい年がやってきます。

来年以降のことは、来年になってから考えます。

新しい仕事も、早速見つかりました。

2023年3月号

12月にイングランド代表HCの契約を解除され、いつもと違う状況ではありましたが、年末年始は例年通り日本で過ごしました。

イングランドでの仕事が残念な形で終わった際、ラグビー指導者としてのキャリアの最後を考えました。自分がラグビーを始めたオーストラリアか、プロラグビー指導者としてのキャリアをスタートさせた日本でやりたいと思いました。

ですが、日本ラグビー協会から代表HCの仕事に関するコンタクトはありませんでした。私は日本を愛していますし、イングランドでの仕事が終わったときに日本代表HCの仕事に興味があるかと聞かれれば、「もちろんあります」と答えたでしょう。

ですが、オーストラリア協会から予想外のタイミングで素晴らしい仕事のオファーがきました。私はその仕事に向けて全力を尽くすのみです。

オーストラリア代表HCの仕事は、12月後半に協会の関係者からコンタクトがありました。その後、こまかな話を詰め、1月14日の夜に正式な合意に至りました。

日本での滞在を終えてイングランドに戻っていたので、オーストラリア協会のチェアマン、CEOと、ビデオ会議で話しました。

オーストラリア代表に今年のワールドカップで優勝できる可能性はあるかと聞かれれば、間違いなく「ある」と答えます。

よいパフォーマンスとそうではないパフォーマンスが混在した状態にあるチームですが、実力をフルに発揮できればどんなチームでも倒すことができる力がある。

ニュージーランド、フランスなど、現在トップレベルに君臨するチームとも互角に戦っています。要は、安定して実力を発揮できるチームにすることが私の仕事です。それさえできれば、優勝を十分に狙える。

契約上、新しい仕事が始まるのは1月28日です。同21日にはイギリスを出て、オーストラリアへ向かいます。本格的な仕事が始まるまでは、メディア対応やオーストラリア代表関係者との活動に時間が割かれる予定です。

今回のワラビーズHC就任のニュースを聞き、ワールドカップ準々決勝でイングランド代表と対戦する可能性があることなど、いろいろと書き立てるメディアもあります。しかし私の頭の中で、それは相当先の話で、具体的に何かを考えることはありません。

今でもイングランド代表には敬意の思いを持っています。7年間に渡る仕事の中で、多くの思い出ができたことは間違いありません。

ただ近い将来、イングランド代表と対戦することになったところで、何か特別な思いを抱くかというと、そんなことはありません。

テストマッチとは、すべてが特別な戦いです。対戦相手は、全力で倒しにいく、目の前の敵以外の何者でもない。まあ、観ている人たちが、特別な感情を持ちそうな対決を楽しみにする気持ちは、理解できます。

日本滞在時にはコーチングクリニックの活動として、渋谷インターナショナルラグビークラブに行ってきました。

ここでは、子供たちにラグビーを教える若いコーチに、コーチングの指導をしました。グラウンドに出て、直接子供たちにも指導しました。このクラブの創設者である徳増（浩司）さんは、私が日本代表コーチに就任したときの最初の通訳で、そのときからのつき合いです。

また、高校、大学、社会人チームやクラブで指導しているコーチたちを対象としたクリニックもやりました。日本ラグビー界への恩返しを意図に実施している活動です。

これまでに参加したコーチの数は1000人近くに達しているのではないでしょうか。そのコーチたちの一人ひとりが何十人もの選手たちに指導していると考えると、活動に対するやる気が湧いてきます。充実した時間を過ごすことができました。

サントリーでも、充実した時間を過ごしました。基本的に、コーチングスタッフをサポートするという形で活動しています。全体練習後、若い選手を指導することもときどきやっています。練習内容に口を出すというような形ではなく、コーチたちにコーチングのコツを伝授するのが活動の基本的な目的です。

日本では、ラグビーファンや関係者がいるところでは、私が誰であるか知られています。それでも基本的には、普通に街を歩くことができますし、とてもリラックスした時間を過ごせる。日本食も好きです。年末の日本での時間は、毎年楽しみにしています。

日本で、じっくり休めてよかった。新しい仕事、新しいチャレンジに向け、気力も体力も充実しています。

母国の時間の流れが心地いい。ハードワークを続けます。

2023年4月号

オーストラリアへ帰国してからの日々は、日本に戻ってきたときのような感覚です。新しい国にやってきたという感覚ではなく、以前住んでいた国にいる感覚です。オーストラリア独特の時間の流れ方、仕事の進み方を感じています。こちらに戻ってきて、仕事を始め、すぐにリズムに乗れている。女子ラグビーの仕事も、代表チームのダイレクター・オブ・ラグビーという形で関わっていきます。才能ある選手が多く、非常に楽しみなチームです。

男子代表の試合は7月からです。現在は代表チームの強化という直接的なミッションではなく、より広い範囲の仕事に取り組んでいます。

例えば、現在オーストラリアでは15人制ラグビーの人気が落ち込んでいます（オーストラリア独自のオージールールズや、13人制ラグビーの方が、人気がある）。どうやってオーストラリアのスポーツファンたちの注目を、こちらに向けるか、というミッションも背負っています。

メディア関連の仕事もしています。代表戦の応援のために競技場に多くのファンが訪れる。これは、どんな国のどんなスポーツでも非常に大事なことです。そこに貢献するのも、今回の代表HCの仕事のひとつです。

スーパーラグビーのクラブを訪れ代表選手の選考も頭に入れています。しかし、2月末のシーズン開幕から7月の代表戦までの間に、いろんな変化がある。ワールドカップイヤーのクラブシーズンを、選手たちがどのように過ごし、代表の切符を掴み取るためにどう戦うか。スーパーラグビーのシーズンが楽しみです。

オーストラリアラグビーの伝統的なアイデンティティとして、攻撃的なランニングラグビーというプレースタイルがあります。

私がこの仕事を受けた時点で、オーストラリアはワールドラグビーランキングの6位に位置しており、ワールドカップで十分優勝を狙える位置にいます。

特に2023年大会へ向けた4年サイクルでは、上位チームの実力差がかつてないほど縮まっている。大会史上もっとも優勝チームを予想するのが難しい大会だと、私はかなり前から言っていました。現在もその状況に変わりはないと言っていいでしょう。

そんな混沌としているときに、代表チームに新しいHCが就任したとなれば、ファンは大きな期待をする。私の仕事とは常にそういった期待とともにある。なので、周囲からの圧力は特に気にならない。いつもと同じです。

12月の時点で、「次の仕事が最後の仕事になる」と言いました。

私はこれまでのキャリアで、オーストラリア、南アフリカ、日本、イングランドと、4つの国（南アフリカではテクニカルアドバイザー、それ以外はHC）代表チームの指導に関わってきました。

それぞれの国の代表チームのスタイルには、それぞれの国の人たちが日々の生活を送るスタイルが反映される。私は、そう考察します。

オーストラリア人の独特の国民性というものがある。人生には常にチャンスが潜んでおり、そのチャンスをいかに掴むか。それが勝負を決める。そんなメンタリティです。人生の勝負に、攻撃的な姿勢で挑んでいくのが我々の国民性です。

そして、厳しい接戦をどうにかしてモノにする。それも、オーストラリアラグビーのアイデンティティの一部です。

ワールドカップイヤーを迎えた現在の代表チームのキープレーヤーとして、マイケル・フーパー（FL）、ジェームズ・スリッパー（PR）、サム・ケレビ（CTB）などの経験豊富なベテランがいます。

若手にも、ベン・ドナルドソン（SO／FB）、マックス・ジョーゲンセン（WTB）

など、素晴らしい才能を持った選手たちがいる。誰もがワールドカップ出場を目指し、日々汗を流しています。

シックスネーションズはもちろん毎試合観ています。一歩下がったところからのTV観戦ですが、ワールドカップのプールステージで対戦するウエールズもチェックしています。HCがウォーレン（・ガットランド）に変わったこともあり、チームは転換期を迎えているようですね。イングランドもスティーブ（・ボーズウィック）が指揮を執るようになり、転換期にあるように見えます。

アイルランドとフランスは、いいクオリティを保っています。好調なスタートを切ったスコットランド。イタリアも、上位チームへの実力差を急激に縮めている。

ワールドカップでノックアウトステージに進出できれば、恐らくイングランド、アルゼンチン、日本のいずれかの国と対戦する可能性が高い。どの国と対戦することになろうと、叩き潰すだけです。ただワールドカップに関しての分析は、まだあまりやっていない。それが正直なところです。

母国での新しい仕事が始まり、毎日が充実しています。フランスでのワールドカップ優勝のため、毎日ハードワークを続けています。

代表チームのHCの仕事は、どこにいても同じです。

友人を訪ね、イングランドを再訪しました。

2023年5月号

実は今（インタビューは3月中旬実施）、イングランド北部のリバプールに来ています。個人的な友人を訪ね、休暇としてイングランドに戻ってきました。

友人とは、今シーズンからサッカープレミアリーグのエバートンでHCを務めるショーン・ダイチです。私がイングランドにいたときに知り合った、いわばプロスポーツ界のコーチ業界の仲間。当地でできたよい友人です。

彼のコーチングスタッフとも話しますが、今回は仕事ではなく、あくまで友人を訪ねるための訪英です。

一度オーストラリアに戻ったあとに訪れたことで、イングランドラグビー界について、さらに客観的な考察をする機会にも恵まれています。

今回、あるイングランドラグビー界の特徴に気づきました。例えば10代の若い選手たちが、いわゆる「先生」ではなく、「元エリートレベルの選手」からラグビーを教えられている点です。

この育成の仕方の問題として、パス、キャッチ、キック、タックルなどの基本スキルをしっかりと鍛えることなく、とにかく勝つための戦術やシステムばかりを学びがちになっている点が挙げられます。組織プレーの中で機能するようにプレーすることはもちろん大切です。しかし名選手を見ればわかるように、必ず基本スキルがしっかりしています。若いうちは基本プレーを極めることに重きを置く、「先生」タイプの指導者の重要性が高いことを忘れてはいけません。

多くの部分でラグビーがプロ化を進めてきた結果であり、その傾向はオーストラリアでも見られます。しかし、学生ラグビーについてはイングランドの方が競争が激しく、この傾向が顕著に見られます。

イングランドには、5月にも戻ってきます。バーバリアンズのHCとして、5月28日にトゥイッケナムで世界選抜と対戦します。

日本代表時代に指導したリーチ マイケル（FL）、イングランド代表時代に指導したダニー・ケア（SH）、ジョー・マーラー（PR）など、個人的に懐かしい選手にも声をかけています。

ボールを大きく回し、エキサイティングなプレーをするというだけではなく、バーバリアンズには、メンバー同士の友情や社交を大切にする伝統もあります。寄せ集めチームですが、様々なバックグラウンドの選手たちが、試合の前週の練習後や、試合後のリラックスした時間をともに過ごし、新たな友情を築く。真のラグビースピリッツです。HCの私もバーバリアンズのメンバーの一員ですから、選手たちとの交流を楽しみにしています。

先日、こんなことがありました。

スーパーラグビーのオーストラリアのチームの試合を競技場の一般席で観ていたときでした。私が書いていたメモの写真が、ソーシャルメディアで出回ってしまうという出来事がありました。

一般席ではなくボックス席で観戦することもできたのですが、私は一般席で観る方が好きです。特別な席で一緒に試合を観る人から「ああだこうだ」と意見を聞くより、一般席に1人で座り、自分の考えを頭の中でめぐらせながら観る方がはるかに生産的です。

代表HCが一般ファンに混ざって座っていたら面倒なことになるのでは、と思うかも知れません。しかし、大抵の場合は問題ありません。ほとんどの方が、常識的に距離を置いてくれます。

私は以前からラグビー・リーグ（13人制）のファンで、過去には、リーグ出身のコーチや選手を多数代表チームに引き抜いてきました。しかし現在、リーグでプレーする選手を、今秋のワールドカップで代表に呼ぶことはないでしょう。さすがに時間がありません。

リーグの選手、特にアウトサイドBKの選手には、素晴らしいランニングスキルと1対1のディフェンスの強さを持った選手が何人もいます。しかし、テスマッチレベルで一人前になるには、どんなに才能に溢れ、器用な選手でも、1年は必要です。選手のスカウティングだけでなく、コーチ陣の獲得にも忙しく動き回っています。あと2人アシスタントコーチを見つければ、コーチングチームは完成というところまできました。

ただ、優れたコーチはすでにクラブで仕事をしており、代表チームに来てもらうのは簡単ではありません。当然、どのクラブも優秀な人材を手放したくありません。

北半球も南半球もシーズン中の今、どこも契約していないコーチは理由があって、どことも契約できていないことが多い。これが、現在、私が直面している課題です。とにかく、4月中にはコーチングチームを完成させる予定で動いています。

日本の皆さんにもよく知られたオーストラリア人の選手として、現在、花園近鉄ライナーズでプレーしている、クウェイド・クーパー（SO）がいます。私がオーストラリアに戻ってから少し話もしました。アキレス腱の負傷で長く戦線を離脱していますが、代表入りの可能性を持った選手です。復活して、よいプレーを見せてもらいたいですね。

ワールドカップまであと半年を切り、1日1日が非常に大切です。選手やスタッフたちと、よい結果を出せるようハードワークを重ねます。

ワラビーズ候補メンバーを発表。「鍛えます。楽しみです」

2023年6月号

先日（4月2日）、私がHCに就任してから初めての代表トレーニング合宿の参加選手を発表しました。

就任会見でも明言した通り、現在のスーパーラグビーでよいパフォーマンスをしている、好調な選手を多く選びました。

ただ、以前にも何度か話したことがありますが、クラブラグビーとテストラグビーは、まったくの別物。クラブレベルで活躍しているからといって、代表戦でも活躍できるとは限りません。クラブラグビーで好プレーを見せている選手の中から、代表レベルでも輝ける見込みのある選手を見つけるのが私の仕事です。

代表選手を選考する上でのよいプレーとは、必ずしもハイライトに出てくるような目立つプレーとは限りません。選手選考のための観戦は必ず試合会場へ足を運び、TVに映らないエリア、ボールを持っていないときに、その選手がどのような動きをするかを見る必要がある。

現場で試合を観ると、予想もしていなかった選手の大活躍を目の当たりにすることもある。その結果、代表に呼ぼうと考えていた選手ではなく、予想もしていなかったほかの選手を招集したことが何度もあります。

今回初めて代表候補入りした選手では、強いディフェンスをはじめタフなプレーができて、キッキングゲームも向上している若手SOのカーター・ゴードン（レベルズ）、球際で激しく戦えるオープンサイドFLのブラッド・ウィルキン（レベルズ）、福岡堅樹を彷彿とさせる快足WTBのマックス・ジョーゲンセン（ワラターズ）などが注目です。

彼らは、私がオーストラリアに戻ってくるまでは、まったく知らなかった選手です。才能溢れる若手の発掘は、私の仕事の大きなやり甲斐のひとつです。

マイケル・フーパー（FL）、ジェームズ・スリッパー（PR）、アラン・アラアラトア（PR）などのベテラン勢も健在です。この3人だけで300以上のキャップ数という経験値がある。ベテランと、勢いのある若手が共存するいいチームを作りたい。

現在のオーストラリアラグビーを、私が以前指導していた約20年前と比べると、国内での人気が落ちているのは明らかです。以前のラグビー・ユニオン（15人制ラグビー）は、オーストラリアンルールズ（オージーボール）、13人制のラグビー・リーグとともに、国内でのメジャースポーツとしての地位を築いていていました。

しかし現在は、この2つのスポーツに比べ、はるかに注目度の低いスポーツとなってしまっています。

メディアに割かれるスペースも限られ、これがスポンサー収入減に繋がり、ビジネス面でうまくいかない。こうした状況を改善するため、とにかく代表チームを勝たせるのが私の仕事です。どの国のどんなスポーツでも、代表チームが国際試合の大舞台で結果を出していれば、自然と注目度が上がり、競技人口も増えるものです。

代表チームのHCの仕事として、国内クラブのHCと話すこともよくあります。

現在ブランビーズで指揮を執っているスティーブン・ラーカムは、私が以前代表HCを務めていた頃の主力選手です。

選手時代の彼は世界最高レベルの選手でした。非常に器用でバランスのとれた選手で、当時私は、彼ほどのプレーのスピードと正確性を兼ね備えた選手は見たことがありませんでした。

コーチとしては、ブランビーズ、オーストラリア代表でアシスタントコーチとして経験を積み、アイルランドのマンスターでも指導者としての時間を重ねました。その後ブランビーズに戻ってHCとして活躍しています。北半球でのラグビーを経験し、コーチとしてより深くゲームを理解するようになったと思います。

現在のオーストラリア国内のクラブを見てみると、それぞれが昔から持っていたアイデンティティが、やや薄れてしまっているように見えます。世界のラグビー界全体に言えることですが、アイルランド代表のプレースタイルに見られるような、ボールの保持率を高め、ゲインラインで当たり勝つことを基盤にした戦術を使うチームが増えています。オーストラリアの国内クラブも同様の戦術で戦うチームが多くなり、大差がないように見えます。

前述のブランビーズでは、ボールを大きく動かす伝統的なスタイルを比較的保っていますが、戦術同一化の波は、オーストラリアラグビーにも影響を及ぼしている。ワラターズ、レッズ、レベルズ、フォースは、アイデンティティの確立に苦労しているのではないでしょうか。

私のオーストラリア代表HCとして最初のテストマッチは7月8日、アウェーでの南アフリカ戦です。例によって、非常に短い準備期間で試合に挑むことになります。まずはオーストラリアで4日間の合宿を実施して、南アフリカへ移動し、1週間後に試合です。もっと時間がほしいというのが正直な気持ちですが、短い期間での準備はイングランド代表のときと同じ。

与えられた時間の中でやるのみ、です。

コーチングチーム編成完了。熱く有能な人材が集まった。

2023年7月号

4月末、私がＨＣに就任してから初めての代表ミニ合宿を実施しました。３日間でしたが、密度の濃い時間を過ごしました。選手たちは、入学式のあとに先生にアピールしようと頑張っている学生のような感じでした。

グラウンド上でのプレーだけでなく、心理学についても少し話しました。欧州にいる選手たちは、オンラインでミーティングに参加しました。

この合宿に集まった選手たちの最大の目的は今年のワールドカップで優勝することです。その目的に対する心理的なアプローチが重要です。チームとしてのエッセンスも加えておきました。

選手たちからはポジティブな反応を得られました。新しい代表ＨＣ就任とあり、新たなことを学ぶ姿勢もしっかりしていました。

合宿には間に合いませんでしたが、コーチングスタッフには、かつて日本のワイルドナイツなどでプレーした経験もある、ベリック・バーンズが加わりました。ポジションは、キッキングコーチです。

オーストラリアには伝統的に、あまりキックを好まないというスタイルがあります。しかし現在のトップレベルのラグビーで、キックの重要性を軽視することはできません。

現役時代トップレベルで活躍したベリック（オーストラリア代表キャップ51）はその伝統を知っています。その上でキッキングコーチという立場でチームを前進させてくれるでしょう。

レッズでＨＣを務めていた頃、彼は若手選手でした。その師弟関係も過去にあり、お互いを知る仲です。その後ベリックは、私が日本代表ＨＣを務めていた時代に日本のトップリーグでプレーしていたので、彼のプレースタイルもラグビーに対する考え方もよく知っています。

イングランド時代にともに働いた関係者からも、コーチを連れてきています。

イングランド代表でスクラムコーチとして協働したニール・ハートリーも連れてきました。惜しみないハードワークができるコーチで、技術的な知識、選手たちとのコミュニケーションもピカイチ。２０１９年のワールドカップでも素晴らしい仕事を見せてくれました。秀逸な人材をワラビーズに加えることができて光栄です。

イングランド時代の繋がりといえば、アッタクコーチとしてブラッド・デイヴィスもワラビーズを支えます。非常にいいコーチで、プレミアシップのバース、ロンドンアイリッシュで素晴らしい実績を挙げてきた。ワラビーズに何をつけ加えてくれるか楽しみです。面白いコーチとして、フランスからピエール＝アンリ・ブロンコンという人材を、モールコンサルタントとして雇います。

日本代表HC時代に、マルク・ダルマゾと一緒に働いた状況と似ているかもしれません。ラグビーという多くの要素や局面の存在するスポーツで、ひとつのことしか知らなくても、そこを徹底的に追求するコーチに魅力を感じます。フランス的な強烈な感情、細部へのこだわりなど、非常に魅力的な人物です。

そのほか数人が私たちの仲間となりましたが、コーチ陣のリクルートは、これですべて完了です。

人事については、まず私がほしいと思った人材にアプローチ。その後、チームに来てもらえるよう説得するというプロセスを辿ります。ビジネスの世界でのヘッドハンティングと似ていますね。説得が成功した場合、契約関係のスタッフが諸事情を詰める。ここは、私が口を出す範疇ではありません。しかし、プロの世界では、当然そういった話を避けるわけにはいきません。

街を歩いていて、見知らぬ人に声をかけられることもたまにありますが、オーストラリアでは、リラックスして毎日を過ごしています。

イングランド時代と違うのは、オーストラリアではラグビー・リーグと比べてラグビー・ユニオンの人気が低いことです。オーストラリアンルールズというスポーツは、リーグより、さらに人気がある。

そんな中で、かつてワラビーズを指揮したHCが戻ってきたのですから、スポーツに限らず様々なメディアに対応する必要があります。それだけに限らず、スポンサー対応などもある。プロスポーツである以上、それも重要な仕事のひとつです。

ただ、誰がHCだろうが、どれだけ代表チームの負けが続いていようが、毎試合8万人の観客がトゥイッケナムに集まり、スポンサーも多いイングランド時代と現在は、大きく違っているのが現状です。

バーバリアンズのHCとして、5月28日にトゥイッケナムで世界選抜と戦います。イングランド代表HC時代のトゥイッケナムといえば、とにかく勝つためだけに戦っていました。重圧はあっても、大観衆を前に、国の誇りを懸けて戦う尊さには興奮を覚えました。

しかし、この5月の試合は違います。現状、どの国の代表にも入っていない名選手を集め、とにかく楽しい試合を観客に魅せます。

勝敗は二の次。現在のプロラグビーの世界に、そんな試合があってもいいでしょう。

南アフリカ戦の先発、戦い方はすでに決まっています。

2023年8月号

5月に、バーバリアンズのHCとして久しぶりにトゥイッケナムで試合をしてきました。本当に楽しかったですね。

これぞバーバリアンズという試合をしました。常に勝つためにハードワークを重ねてきたトップレベルのプロ選手や指導者が、大観衆の前で遊ぶ。それもいいのではないでしょうか（世界選抜との試合は48―42でバーバリアンズの勝利）。

天気もよく、気温も高い1日でした。暑くて熱い試合で、後半には両チームともバテてしまいましたが、とてもよい試合でした。

試合までの日々も、充実していました。

バーバリアンズの文化として、フィールド内外で選手たちが交流を深めます。コロナが落ち着いたこともあり、選手たちはいい練習をしたあと、外でいいオフの時間を楽しんでいました。

日本から呼んだ選手のうちの1人が山本凱（FL）です。慶應大学の頃から見ていましたが、サントリーで大人になった姿を見て、呼ぼうと決めました。

試合でも素晴らしい活躍を見せてくれた。彼は、このレベルに属する選手だと確信しました。サンゴリアスに戻り、来シーズンはどんなプレーを見せてくれるか楽しみです。

オーストラリアからもクウェイド・クーパー（ＳＯ）、サム・ケレビ（ＣＴＢ）など、日本ベースで活動している選手を集めました。日本でプレーしているからレベルが落ちているというのは素人の考えです。この2人以外にも、日本でプレーしている選手にオーストラリア代表候補は何人かいます。

オーストラリア代表ＨＣの仕事として、メディア対応の比率が高いという話は以前しました。15人制ラグビーの人気が落ちているため、メディアを通じてこのスポーツを宣伝する使命があります。

ポッドキャストやユーチューブのインタビューを受ける際、話題を作るために、「私は今年のワールドカップが終わり次第、代表ＨＣの仕事を辞職します」と言いました。もちろん冗談ですが、現在のソーシャルメディア社会ではそれなりに名の知れた人が意外なことを言うと、あっという間に世間に拡散します。

私のこの発言後、オーストラリアラグビー協会がすかさず「エディーには地元開催となる２０２７年ワールドカップまで頑張ってもらう予定です。今年で辞職することはありません」との声明を発表しました。協会の広報担当者は焦って火消しに走ったのかもしれませんが、ひとつの目的に向かって違う角度から一緒に仕事をしているだけです。

ただ、今年のワールドカップ後の辞職発言が完全に冗談というわけではありません。今年のワールドカップが最後のチャンスだという気持ちで戦っています。

ワールドカップの結果次第で、私の仕事などどうなるかわからないのがプロの世界です。2027年まで私がオーストラリア代表を率いているかどうか、誰にもわかりません。

経験として長いこと代表HCをしていると、どんどん仕事の難易度が上がっていってしまいます。それが「なぜ」か、私自身まだ答えが見つかっていません。ですが、「なに」なのかはわかってきました。

イングランド代表の例でいえば、ワールドカップを軸とした4年サイクルを一度終えたあと、新しい血を注入するという仕事があります。

イングランドでは、ジャック・ヴァンポートヴリート（SH）、マーカス・スミス（SO）、フレディー・スチュワード（FB）、など若手を代表デビューさせました。ですが、まだ若手だけに、パフォーマンスに波が出てしまいます。

こうした若手と、中堅、ベテランのバランスを保つのが私の仕事です。しかし、イングランドの二期目はうまくいきませんでした。私の責任となるのは、仕方がありません。

その後、幸運にもオーストラリア代表の仕事がやってきました。この仕事の最大の目標はワールドカップ優勝です。今年のフランス大会の次、２０２７年はオーストラリア開催です。当然ですが、地元開催のワールドカップで優勝できれば最高の名誉です。

オーストラリア代表の選考ルールとして、海外のクラブでプレーする選手は30キャップ以上なければ代表に呼ばれないというルール（ギタウ法）がありました。ですが、ワールドカップイヤーはこれを例外とする方向で進めています。

いつも通り、私はいろいろなことを考えて行動しています。現在、もっとも大事な試合は7月8日のザ・ラグビーチャンピオンシップ開幕戦です。南アフリカでの試合です。すでにスタメンとゲームプランは決めています。それを軸に、ケガの具合とフィットネスレベルを見ながら調整していくのが試合までの私の仕事です。

その後アルゼンチンと戦い、最後がオールブラックスです。全部勝ちにいきますが、今はとにかく南アフリカ戦です。世界のどこにいようとも、クラブの試合での南アフリカ代表選手の動きは全員見ています。

一人ひとりの選手のクラブでの動き、代表での動き、さらには相手チームやトイメンによって変わる動きも全部見ています。

バーバリアンズでの遊びは終わり。全力で南アフリカを叩きにいきます。

悔しさをこらえて発言する選手たちを見て、私も学んだ。

2023年9月号

南アフリカ戦は、残念な結果に終わってしまいました（7月8日に南アフリカのプレトリアで行われた試合は12―43で南アフリカに軍配）。スクラム、ライアウトというゲームの基本的なところで徹底的にやられてしまったのが、大きな敗因として挙げられます。

セットピースでしっかりと戦えないと、それだけで我々の勢いは殺されてしまいます。この問題は、ワールドカップに向けて素早く修正しなければなりません。特にスクラムについては、レフリングについても理解を深める必要がある。時間はありませんが、本番までにセットピースを必ず修正します。

経験の浅い若手選手たちは当然緊張していました。しかし、そんな言い訳など通用しない世界だということは全員わかっています。そもそも、それがわからないような選手は代表に呼びません。

アウェーの南アフリカですから、観客たちもかなりうるさかった。ボロ負けしたこの試合からどのように立ち上がるかが見ものです。

実際のライオンはそんなことはしませんが、ライオンは子どもが生まれるとすぐに崖から突き落とし、這い上がってきた者だけを子どもとして育てる、という言い回しがある。代表チームを率いるＨＣの気持ちは、そんなものです。

南アフリカ戦は、私のオーストラリア代表ＨＣ就任後、最初の試合でした。試合後のロッカールームでは、選手たちに「今日の試合で何を学んだか」と聞きました。悔しさをこらえながらもいろいろと発言する選手たちを見て、私も選手たちについて多くを学びました。

パフォーマンスを総括すると、基本的な部分でのスキルレベルの向上が必要ということです。とにかく時間がないので、学ぶスピードがカギになります。

全員が対象ではありませんが、必要だと思った選手とは一対一で、コーヒーやお茶を飲みながらじっくり語り合っています。

素晴らしい可能性を秘めていながらも、その才能に見合った力を出せていない選手は、何かしら精神的な壁にぶつかっている可能性があります。そんな選手とは、何を恐れているのか、何が選手としての可能性の開花を制限しているのかについて話します。

まずは私の指導者としての考察を伝え、それについてどう答えるか。練習直後にグランドで語り合うこともあれば、宿舎で落ち着いて語り合うこともあります。

コーチたちとも話しています。

彼らも新しいチームで、まだ1試合目を終えたばかり（インタビューは2戦目のアルゼンチン戦の前／31―34）。ワールドカップに連れていく33人の選手をひとつのチームとして考え、残り5試合（アルゼンチン戦を含む）で33人のチームをいかに強化していくかが課題です。

まずはどの33人を連れていくのか。それを固めます。コンビネーションのパターンを試すのはそれからです。クウェイド（・クーパー／SO）、サム（・ケレビ／CTB）をはじめ、ケガ明けの主力選手たちの調子という要素もあります。

彼らを試合で起用しましたが、まだ本来の姿ではありません。本番までに、それぞれの選手たちがベストの状態になることができるか。これはどこの代表チームでも同じ事情で、ワールドカップという大舞台での戦いの一部です。

オールブラックスとアルゼンチンの試合も観ましたが、アルゼンチンは相手のスピードについていけていませんでした。

知っている人もいると思いますが、アルゼンチンのHCを務めているのは、私がランドウィック（クラブ）でプレーしていた頃のチームメイト、マイケル・チェイカです。引退後もHC同士で数多くの代表戦を戦っていますし、当然、個人的にもよく知る仲です。

ですが、私とマイケルがよく知った仲だからといって、これがゲームプランの読み合いに影響するかと言えば、そんなことはありません。そもそも代表戦ともなれば、どんな相手と戦おうとも、相手選手を徹底的に分析し、かつ相手のHCがどのようなゲームプランで挑んでくるか試合前に読もうと試みるものです。

私がイングランドのHCをしていた頃のシックスネーションズの相手でいえば、ウエールズのウォーレン（・ガットランド）は個人的にもよく知っていますが、ゲームプランの読み合いには特に影響していませんでした。

私がイングランドのHCを務めていた時代、マイケルはオーストラリアのHCをしていました。そのときも同じです。

メディアがHC同士の個人的な繋がりをネタにして、いろいろと書き立てる。結構なことですが、実際のテストマッチではそんな関係など何の意味も持ちません。

いずれにせよ我々がやっていることのすべては、ワールドカップで勝つための準備です。フランスでのオーストラリア代表の滞在先はもちろんすべて視察しています。

秋のフランスが特に極端な気候に見舞われる可能性が低いことも知っています。

準備を続けて決戦の舞台がくるのを待ちます。

若いワラビーズは、大きな可能性を秘めています。

2023年10月号

ワールドカップへ向けた33人の代表選手を発表しました。若手を多く選びましたが、特別に、彼らにチャンスを与えたというわけではありません。彼らが自分でチャンスをもぎ取りにきた結果、このような編成になりました。

アンガス・ベル（PR、22歳）は、長期の負傷離脱から復帰後まだ4試合しかプレーしていません。しかし、いい感じに調子を上げています。HOではマット・フェイスラー（24歳）、2列目ではニック・フロスト（23歳）がいます。ニックは、テストラグビーとはどういうものかを学んでいる過程ですが、学習能力が高い。大舞台で大きく伸びる可能性があります。

3列目にはトム・フーパー（22歳）がいます。彼は6番、7番両方でいけるタイプの選手です。HB団では、SHのテイト・マクダーモット（24歳）、SOカーター・ゴードン（22歳）がいます。

ワールドカップ前のホームでの最後の試合、オールブラックス戦（ワラビーズは20―23

で惜敗）は敗れはしましたが、多くの若手を起用した試合としては非常に有意義なものでした。

カーターも、この試合で多くのことを学んだ選手の1人です。SOはチームの舵取りを担うポジション。テストマッチレベルの10番をプレーするためには、非常に多くのものを学ばなければいけない。

いつ、どのように攻撃を仕掛けるかだけでなく、どのタイミングで選手たちを束ねるか、いつテンポの上げ下げを行うかなど、敵と味方を見て、ゲーム操作の仕方をマスターしなければなりません。こうした経験は、実際にテストマッチをプレーしなければ身につかないもので、若手SOには我慢強く経験を積ませてあげる必要があります。

現在オールブラックスの不動のSOとして活躍するリッチー・モウンガも、期待の若手SOとしてテストデビューしてからの数シーズンは、パフォーマンスに浮き沈みの激しい選手のように見えました。

しかし、その後テストマッチレベルでの経験を積み重ねていった結果、どんな選手になったかはご存知の通りです。

今回のワラビーズで言えば、WTBのマーク・ナワンガニタワセ（22歳）の将来性に注目してください。

共同キャプテンの1人だったマイケル・フーパー（FL、31歳、125キャップ）の負傷により、LOウィル・スケルトン（31歳）に単独で主将を任せました。バイスキャプテンはマクダーモットです。

大会前の主力選手の負傷は、ワールドカップという大舞台での勝負の一部と考えた方がいい。代表に選ばれる若手選手は、大抵は身体能力ではテストマッチレベルで通用するものを持っていますが、心理面ではまだまだ未熟です。試合中の心理戦などについては、いつも話して育てています。そのアドバイスの要点は、シンプルな基本プレーを確実に成功させ続ければ、必ず道は開けるという点に尽きます。

20年前にワラビーズを率いてワールドカップを戦う前にも行いましたが、今回もフランスへ行く前に、ダーウィンというオーストラリア北部の海沿いの街で4日間の合宿をやります。

アボリジニというオーストラリア先住民たちの住む島も訪れます。この合宿では技術的な部分も詰めますが、オーストラリア魂とは何か、という点について話す予定です。世界の大舞台に立ち、国の誇りを懸けて戦う価値を伝えます。

国内でのプログラムを消化したあと、8月20日にフランスへ渡ります。同26日にはフランス代表と最後のウォームアップゲームです。

私は常に、テストマッチとは目の前の試合が一番大事だと言っていますが、ワールドカップ直前期間はそうではありません。ウォームアップゲームでも勝つのが一番ですが、何のための試合かを忘れてはいけない。

本番初戦は9月9日のジョージア戦。今、頭の中は、どうやってジョージアを倒すかでいっぱいです。フランス戦もテストマッチ。大切ですが、実験的な要素を含みます。

オーストラリアラグビーの特徴として、本番に強いという文化があります。これまで9回行われたワールドカップで、我々は2回頂点に立っている。ワールドカップで勝つワラビーズとはどんなチームかを知っています。大会前まで不調が続いていたチームが、本番で調子を上げた大会もありました。

まずはジョージアを倒し、同じようなストーリーを再現したいと思います。

ここで勝つためのことを重ねてきました。

2023年11月号

オーストラリアをはじめ、英語圏のメディアは「ようやく勝った」ことで（エディーがオーストラリア代表HCに就任してからワールドカップ前まで5戦5敗）、「やっとチームにポジティブなニュースが」と書き立てました。

代表HCとして長いこと仕事をしてきており、メディアの愚かさはよく知っています。日本語の記事は読めないので、日本のラグビーメディアが書く記事については、よくわかりません。

とにかく、「ようやく勝った」という考えが大きな間違いなのです。

若手を中心とした現在のオーストラリア代表チームは、ワールドカップのために結成されたチームです。

ザ・ラグビーチャンピオンシップ、ブレディスローカップを戦い、本番の舞台、フランスにやってきました。そして、フランスとのウォームアップゲームも戦いました。

オーストラリアのダーウィンでの準備合宿でキッチリとフィットネスレベルを上げ、フランスの空気に慣れた上での試合です。

「当然勝った」というのが事実です。

ここで、相手がティア2国のジョージアだったから勝てたと言う人は、今後の試合を観てください。

ワールドカップという長い戦いが始まりました。トライボーナスポイントつきの勝ち点5を獲得したのですから、当然よいスタートです。

今後の課題の中に、ディフェンスへの切り替えの早さとうまさ、という項目があります。第2節のフィジー戦の前週の練習で、選手たちに与えた重要な課題です。

若手中心で構成されたチームなので当然経験不足という弱点はあります。しかし、新しいテクニックやスキルの習得の早さ、新しい戦術理解のスピードは、若手チームの大きな強みです。

今大会での代表選手の9割程度は、2027年の地元開催となるオーストラリア大会まで身体面でのピークを保つことができます。私にとってはトップレベルのラグビー界での最後の大仕事です。

オーストラリアラグビー協会から提示された代表HCの契約の中には、2027年ワールドカップへ向けた仕事も入っています。若い血をワラビーズの黄金のジャージーに注入するのは、大事な仕事です。

大会開幕と同時に、またしても残念なことがたくさん起きています。頭と頭が衝突するという、事故としか言いようのない場面について、レッドカード、イエローカード、ペナルティのみ、何の処分もなし、と試合によって判定がバラバラになってしまっています。

2023年のワールドカップではこうした映像がソーシャルメディアやTV放送で流され、余計な方向に注目が集まっています。

頭部への衝突は危険なプレーなので、当然ペナルティはとるべきです。しかし、アクシデントが起きたときの角度やタイミングも考慮すべきでしょう。マッチオフィシャルの見解で試合の流れ、結果が変わってしまう取り締まり方には賛成できません。常識的に考えても、残念な不慮のアクシデントで試合の結果が決まるのはおかしいと思います。

今回の大会自体は、非常にエキサイティングな第1節で始まったと思います。

開催国であるフランスが初戦で強敵のオールブラックスを倒しました。流石ですね。

ファンをもっとも興奮させた試合は、ウエールズ×フィジーの試合ではなかったでしょうか。2007年のフランス大会では、プールステージの最終戦でフィジーがウエールズを倒し、ノックアウトステージへ進出しています。長くラグビーを観ているファンの人たちがこの対戦カードを見たとき、当然あの番狂わせを思い出したでしょう。両チームは、今回もエキサイティングな試合を展開しました。結果、僅差でウエールズに軍配が上がった。これだからワールドカップは面白い。

日本とチリの試合も観ました。両軍ともに、緩く、雑なプレーが目立ちましたが、お互いにいいところもあった。チリはいいスタートを切りました。日本は、最後の10分に振り切りました。テンポとスピードの上げ方はよかったと思います。

日本の皆さんもよく知っている、ワラビーズのサム・ケレビ（CTB）の調子も上がってきています。ケガ明けなので出場時間をコントロールする必要はありますが、彼にボールを持たせたときの脅威は、世界中に知られています。ワールドカップに相応しい選手の1人です。

ゴールデンボーイ、と言うとくさい言い方になってしまうかもしれませんが、若手中心のワラビーズの司令塔を務めるのは22歳のカーター・ゴードン。オーストラリアに戻ってから初めて知った選手ですが、オーストラリアのラグビーを体現するSOです。

このコラムを読んでいる日本の読者の皆さん、時間帯が合えばオーストラリア代表の試合を観て、応援してください。ワラビーズにしかできないアグレッシブな走りとパスプレーを基調とした我々の試合は、観客を魅了するラグビーです。

4年に一度の大舞台。私は選手たち、コーチ陣とハードワークを続けます。

2027年ワールドカップへ向けて再出発です。

2023年12月号

今回のワールドカップではプールステージで2敗を喫し、ノックアウトステージに進むことはできませんでした。

敗れたフィジー戦（2戦目／15―22。オーストラリアがテストマッチでフィジーに敗れたのは1954年年以来69年ぶり）後のロッカールームは、非常に残念な雰囲気でした。ワールドカップで試合に負ければこういう雰囲気になるのは当然です。今大会には経験の浅い若手中心のチームで挑みました。テストマッチ、世界の厳しさを大舞台で味わうことになりました。

フィジーは非常に完成度の高いチームでした。強化がうまくいった背景には複数の要素があります。キャリアの終盤を迎えた経験豊富な選手が多くおり、成熟度の高いチームです。特に、キャプテンのワイセア・ナヤザレヴ（CTB）はパワーもあり、非常にいい選手です。

ベテラン選手と若手がうまく噛み合い、いいパフォーマンスを見せていました。

日本でのかつてのサンウルブズのような形で、代表選手の多くがフィジアン・ドゥルアでスーパーラグビーに参戦しているのも強化がうまくいった理由のひとつでしょう。

私たちはこの時点ではまだ次の試合があるので、3戦目のウエールズ戦に向けてモチベーションを持つことができました。

当然、大きなプレッシャーはありました。その試合に負ければ終わり（ノックアウトステージ進出が難しくなる）。準々決勝が早くきてしまったようなものでした。

結果として、実力が及びませんでした（6―40）。試合後の落胆ぶりは想像に難くないと思います。まだ最終戦のポルトガル戦が残っていたので、選手たちにはモチベーションを保つ言葉をかけました。

他チームの結果次第で準々決勝進出の可能性が左右される状況でしたが、我々ができることは最終戦のポルトガル戦に全力を尽くすことのみです。

残念ながら、最終戦でポルトガルに勝ちながらも準々決勝進出はならなかった（34―14。フィジーと2敗で並ぶも、ボーナスポイント差でフィジーが準々決勝進出）。現実として受け止めるしかありませんでした。

今大会でのオーストラリア代表は若手を中心に編成され、いいときと悪いときの差が激しいチームでした。

いい立ち上がりで最初の30分間は試合の主導権を握りながらも、強敵を倒すために必要な、肉体的、精神的な持久力が足りなかった。それは、厳しい試合を数多く経験して培われていくものです。今回のチームには不十分でした。

選手たちは常に真剣に練習に取り組みました。よいチームであることは間違いありません。しかし、世界のトップで戦うためのマインドがまだ身についていなかった。

テストラグビーとは何か。世界トップレベルの戦いとは何かを学んでいる過程の選手が多く、私は彼らのラグビー界の父親のような存在かもしれません。

ワールドカップへ向けて一緒に汗を流し、人間として大きく成長できる経験もともにしました。選手一人ひとりの性格は違います。練習が終わってから個人的によく話す選手もいれば、そうでない選手もいました。アプローチは様々でした。

オーストラリアのラグビーは運営上、独自の難しさを抱えています。国が広いため、国内の移動がタフ。そんなこともあり、それぞれの地方が独自の運営を行い、オーストラリアラグビー全体としての活動の管理が難しいこともあります。

以前15人制のラグビー・ユニオンはオーストラリアにおいて、オーストラリアンルールズ（オージーボール）、13人制のラグビー・リーグと比べ、人気の面で負けているという話をしました。これも現在のユニオンラグビー界に課された大きな課題のひとつです。

プロ選手の給料で言えば、ユニオンの選手たちがライバルと言えるこの両スポーツに劣っているというわけではありませんが、若年層の競技人口の減少は大きな問題です。ライバル競技はメディアに大きく取り上げられ、試合にも大観衆が詰めかけ、スポーツの才能のある子供たちが自然とそちらへ流れていってしまいます。これは、その国のスポーツの競技力を決定づける大きな要素になります。

オーストラリア代表にとってのワールドカップは終わりました。メディアでは、大会中から私の去就について、ああだこうだ騒いでいますが、噂話の誇張にすぎません。

私はオーストラリア代表ＨＣとしての仕事にコミットしており、２０２５年にオーストラリアへ遠征してくるブリティッシュ＆アイリッシュ・ライオンズとの対戦というマイルストーンを経て、地元開催となる２０２７年ワールドカップに向けて全力を尽くします。

違いを生み出せる特別な才能を欲し、マーカス・スミスをメンバーに入れた

2021年シックスネーションズの初戦。ホームのトゥイッケナムでスコットランド代表に6－11で敗れるという結果でその年をスタートしたイングランド代表は、2勝3敗の5位で大会を終えた。

将軍と言えるほどの風格と実績を持つオーウェン・ファレルとその幼なじみで同年代ジョージ・フォードが、長年、チームのSOを務めてきた。ファレルはインサイドCTBとしても十分な実力を持ち、SOを専門職とするフォードとはやや違ったスタイル。スタメンSOがフォードでインサイドCTBがファレルという布陣から、後半、フォードが退いてファレルがSO、フォードの代わりにインパクトプレーヤーがCTBに入る戦術は、勝利の方程式として多くの試合で機能した。これに、ジョーカーとして3番手SOのダニー・シプリアーニが遠征メンバーに加わったことがあったが、エディー政権

下のSOは基本的にファレルかフォードだった。

2021年は、4年に一度のブリティッシュ・アイリッシュ・ライオンズ遠征の年だった。主力の何人かがそこに選ばれて抜ける分、次世代の代表を担う若手選手たちが経験を積むことができる。ファレルがライオンズの遠征メンバーに選出されたため、夏のテストシリーズとなるアメリカ及びカナダへの遠征に、この年、22歳のマーカス・スミスをSOとしてメンバーに入れた。

ハイリスクハイリターンなプレーを伝統とするプレミアリーグのハーレクインズでは、その若さで堂々の主力として大活躍を見せていた。ファレルとフォードは無茶なことをしない確実なSOだが、スミスのプレーはそうした典型的なイングランドのSOとは大きく異なる。スピードと敏捷性がともに抜群。相手を自分に引きつけたあとのパスやキックパスも素晴らしく、相手としてはどんなプレーを繰り出すか分からない、非常に厄介なタイプだ。大まかな言い方をすると、シプリアーニから私生活のトラブルやチームメイトとの軋轢を取り除いたような選手。その夏の代表デビュー前から、練習生として代表合宿に何度か呼ばれたほど、将来を期待されていた。エディーHCは、違いを生み出せる特別な才能を代表チームに欲していた。

スミスはその夏、アメリカ代表戦とカナダ代表戦にSOとしてスタメン出場し、勝利に大きく貢献した。さらには、南アフリカに遠征中だったライオンズのＳＯの１人、スコットランド代表のフィン・ラッセルが負傷したため、急遽、カナダから南アフリカに呼ばれた。ラッセルは、スミスと同じく意外なプレーと確実なスキルを売りとする選手で、堅実型が多い北半球で異彩を放つＳＯだ。イギリス人の父とフィリピン人の母を持つスミスは、プロラグビー選手としては明らかに小柄だが、非常に器用。その後、フォードがＳＯ、ファレルがインサイドＣＴＢで出場する試合に、ＦＢとして起用されたことがあった。２０２３年と２０２７年のワールドカップでイングランド代表を背負うであろう主力選手としてエディーＨＣが抜擢した、チームにとって重要な選手の１人だ。

73パーセントの勝率を残した、イングランド代表史上最高のＨＣ

こうして新しい血がチームに注入されたが、その後、再び乱調フェーズに入ることになった。２０２１年秋のテストシリーズでは、トンガ代表、オーストラリア代表、南アフリカ代表を破り、３戦３勝としたが、翌22年のシックスネーションズでは2勝３敗の３位。夏の遠征では、エディーＨＣの就任以降、得意としていたオーストラリア代表に

1勝2敗と負け越した。秋には格下とされるアルゼンチン代表に1点差の辛勝。その後、日本代表を順当に破ったが、ニュージーランド代表戦は引き分けた。

そして秋の最終戦で南アフリカ代表に敗れたあと、稀代の名将はイングランド代表HCの任を解かれた。常に結果が求められるプロの世界。そこで長く生きてきた名将は、「だいぶ前から、そんな気配を感じていた」と素直に語った。

2021年から始まった第2の乱調フェーズ。その流れの中、主要メディアはエディーHC解任論や選手たちへの痛烈な批判をこぞって書き続けた。だが、そんなときこそ、その外部の声になど耳を貸さず、チーム内の結束を強めるべき。「困難な状況でこそ、その人間の本性が現れる」とのエディーHCの言葉は選手たちの胸に常に深く刻み込まれている。その時期、試合後のTV生中継のインタビューに答えたエリス・ゲンジは、「外野で騒ぐソーセージたちの下らない声など、気にしている暇はない。俺たちは、次の試合にどうやって勝つかを考えることに集中している」と言ってのけた。ソーセージとは、放送禁止用語を避けながらもその意図を伝えるために使われた言葉で、メディアの批判に真っ向から立ち向かう姿勢を示したものだった。エディー好みの戦うプロップ、ゲンジらしい言葉だった。

そんな熱い選手たちとのイングランドでの戦いを志半ばにして終えることになってし

まった名将。ヒステリックとしか言いようがないメディアの論調に煽られた大衆は、明らかな事実を忘れがちだ。

　イングランドラグビー史上、テストマッチでもっとも多く指揮したＨＣは、２００３年のワールドカップでチームを優勝に導いたクライブ・ウッドワード。優勝後、当時の英国女王からサーの称号を受けたウッドワードは、83戦59勝という戦績を残した。彼の次に多いのがエディーで、81戦59勝という成績だった。その２人の次にくるのが、46試合で指揮を執り、28勝を収めたスチュアート・ランカスター。38戦21勝のマーティン・ジョンソンが、さらにその次にくる。上位２人の戦績があまりにも飛び抜けているので、今後そのレベルの代表ＨＣはイングランドには現れないかもしれないほどだ。

　エディーＨＣが残した73％の勝率はウッドワードＨＣを上回る。まさにイングランド代表史上最高のＨＣだ。余談だが、同年代のこの２人の名将は選手時代にオーストラリアのクラブレベルの試合で何度か対戦したことがあり、お互いに選手時代のことを覚えている仲だ。２００３年のワールドカップではメディアを通じてお互いに向けた激しい言葉を発したが、実際には尊敬し合うライバル同士という関係だったそうだ。

　だが、勝負の世界はときに残酷なもので、ワールドカップ優勝ＨＣとなったウッドワードはサーの称号をもらい、準優勝のエディーは不本意な形でその職から去った。解任直後に『ラグビーマガジン』の連載インタビューに答えてくれたエディーさんは、寂しそうな顔をしていた。だが、イングランドラグビーに多大に貢献し、史上最高の戦績まで残した名ＨＣがあんな形で去っていくのは明らかにおかしいと思う人が数多くいた。

オーストラリアでの仕事を経て、最後の舞台として選んだ日本で挑戦

エディー解任のニュースを聞き、早速コンタクトしてきたクラブや協会が複数あったそうだ。フランスＴＯＰ14の金満クラブや日本代表のような躍進を狙うティア２の協会だった。だが、失意の名将を射止めたのは、母国のオーストラリア代表だった。

２０２０年の就任以降、33戦12勝と振るわなかったデビッド・レニーＨＣを突然解任。ワールドカップイヤーの２０２３年になってエディーＨＣを招聘するという大胆な手に打って出た。15人制ユニオンラグビーの人気低下が慢性的な問題となっていたオーストラリアでは、エディーＨＣのような注目を集める人物は15人制ラグビーの広告塔としての役割も果たせる。就任会見では新規上場企業の社長のように自らのビジョンを明確に説明し、地元開催となる２０２７年のワールドカップに向け、国をひとつにして盛り上

げていくリーダーとしての風格を漂わせた。

2023年のフランス・ワールドカップに挑むオーストラリア代表には、4年後を見据えて多くの若手が抜擢された。その20年前のワールドカップでエディーHCが代表チームを率いていたときにはまだ生まれていなかった選手がいたし、生まれていたとしてもそのワールドカップを覚えていない年齢の選手もいた。結果として、2027年までトップレベルで活躍することはできないと思われたベテラン選手が外れることになった。

名将は明確な意図のもとに選手選考を行ったが、ワールドカップまでの代表戦が5試合しかないというのは、さすがのエディーHCにとっても厳しい強化スケジュールだった。もちろん、そんなことを言い訳にはしないが、予選リーグ突破が必須とされるティア1国においては、そのタイミングでのHC交代劇は非常に珍しい。フランスの舞台では、オーストラリア代表とは対照的に経験豊富なベテラン選手たちが主力を務めるフィジー代表とウエールズ代表に敗れ、悲劇の予選リーグ敗退に終わった。大方の予想に反して、イングランド代表が3位になったのは何とも皮肉な結果だった。

その後、自ら職を辞するという形でオーストラリアを去ることになったが、その国の15人制ラグビー人気は長いこと下降線を辿り続けていた。フランス・ワールドカップに出場した代表選手の何人かは、その後、13人制ラグビーへの転向を発表するなど、オーストラリアでの15人制ラグビーは危機的な状況を迎えていた。翌2024年のザ・ラグビーチャンピオンシップは、後任となったジョー・シュミットHCのもと、1勝5敗の最下位に終わった。希薄な選手層で戦わなければならないオーストラリア代表HCがいかに難しい仕事であるかを物語っている。

イングランド代表HCの職を解任されたあと、エディーは、「最後の仕事はラグビーを始めたオーストラリアかラグビー指導者としてのキャリアを始めた日本でやりたい」と語っていた。「禍福はあざなえる縄の如し」という言葉があるが、ラグビー界で数奇な運命を辿ってきた稀代の名将は、オーストラリアでの仕事を経て、日本代表のHCに就任した。

現在の日本代表には、英語を話せる選手が多くなっている可能性があり、前回よりも言葉の壁が低くなっているかもしれない。前回の日本での仕事を終えたあと、世界トップレベルでの経験をさらに積み重ねたエディーは、選手たちとのコミュニケーションのとり方もまた、さらにうまくなっているはずだ。「すべてはワールドカップのため」。最後の舞台として選んだ日本での挑戦はまだまだ続く。

編者 おわりに

2015年秋、ワールドカップ・イングランド大会。私は、南アフリカを破った「ブライトンの奇跡」だけでなく、3勝1敗だった日本代表の試合をすべて競技場までラグビー仲間たちと観戦に行っていた。まさに、日本ラグビーの歴史が変わった大会だった。長年のラグビーファンであった私にとっては、この時点ですでに信じられないような大会だった。もちろん、立役者は選手たちだが、これまでの代表ヘッドコーチ（以下、HC）が誰もできなかったようなことをエディー・ジョーンズがやってのけた。

その後、「あのエディー・ジョーンズ」がイングランド代表HCに就任した。奇遇な縁だったのだが、当時の『ラグビーマガジン』編集長の田村一博さんは、私がプレーしていたロンドン・ジャパニーズのチームメイトであった、永田為九郎さんの友人。永田さんを通じて田村さんに、「ロンドンにいるエディーの取材をして記事を書かせてもらえませんか?」とお願いしたところ、快諾していただいた。そんな縁から、月次コラムがスタートした。

8年間、毎月1回、エディーさんと一対一でラグビーについて語った。私はそんな関係を誰とも築いたことがなかったし、さすがのエディーさんもそんなルーティンの経験はないと思う。インタビューは、基本的にペニーヒルパークホテルのロビーかカフェでコーヒーを飲みながらやっていた。エディーさんの海外遠征時や私がロンドンにいないときは電話でインタビューしていたが、本当にこの人はラグビーを愛し、研究し、そして実践する人なんだということが毎月伝わってきた。

英語で言うと、「That's why our game is exciting. 日本語に意訳すると、「だからラグビーは面白いんです」。脳震盪などの負傷を防ぐためにルール改正が行われるが、あまりルールを厳しくしすぎると、ラグビーではなくなってしまう。

「そのバランスは、プレーする選手たちと、試合を観るファンたちに決めてもらうのが一番でしょう」

ラグビーの面白さを語る名将は、ときに哲学者の如く含蓄に富み、ときに少年のような無邪気な笑顔を見せてくれた。私たちのゲームを愛してやまない。常に新しいことを学び続けることをモットーとし、その飽くなき好奇心はラグビーというゲームを進化させる力になっている。

ワールドラグビーのルール改正案の議論にも招待される、数少ない名将たちの1人である。ルール改正後の審判たちの判定傾向や、それを受けたHCたちのゲームプランのトレンドなどについて、まさに「ラグビー博士」と言えるほどの知識と経験を持っている。

どんなチームにも起こる調子の上下動と、それを誇張して語る記者たちとの会見場でのやり取りは、まさに「エディー劇場」だった。試合前日の会見で、この劇場での発言とその後のメディアの反応を相手チームとの心理戦に使ったことがある。メッセージを誇張して語る現地のメディアを警戒すると同時に、その力を認識。諸刃の剣を操るかのような関係に見えた。グラウンド外でも縦横無尽に走り回るエネルギーは、どのチームのHCをやっていたときも同じだろう。選手時代も、小柄な体格を補って余りあるほどの大きなエネルギーを見せた。相手チームからすると、達者な口も手伝って「非常に厄介な選手」だったそうだ。

人間としてのエディーさんは、やはり日本を愛している。代表HCの仕事だけでなく、日本におけるラグビー指導者としての活動すべてについて、「日本への恩返し」とよく言っていた。

そんなエディーさんのハードワーク日記の次の章は、まだ始まったばかり。この日記の続きは、桜の戦士たち（ラグビー男子日本代表の愛称）のプレーぶりを観れば、よくわかるだろう。

２０２４年10月吉日　竹鼻　智

Eddie Jones

エディー・ジョーンズ

1960年1月30日生まれ、オーストラリア・タスマニア州出身。父がオーストラリア人、母が日系アメリカ人２世のハーフ。夫人は日本人。マトラヴィルスポーツ高校からシドニー大学に進学し、体育学を専攻、大学卒業後、体育の教員になった。選手時代のポジションはフッカーでニューサウスウェールズ州代表のメンバーに選出されたことがある。1995年に初来日し、1996年東海大学のコーチになり、同年、日本代表フォワードコーチとの兼任となる。2001年からオーストラリア代表のヘッドコーチ、2007年から南アフリカ代表のチームアドバイザー、2009－10シーズンはサントリーサンゴリアスのGM、2010-11シーズンは同チームのGM 兼 ヘッドコーチをそれぞれ務めた。2012年、日本代表のヘッドコーチに就任し、2015年のワールドカップで3勝を記録する戦績を残した。南アフリカ代表を34－32で破る歴史的勝利も挙げた。その後、イングランド代表ヘッドコーチ、オーストラリア代表ヘッドコーチの任に当たり、現在は2024年1月から2027年ワールドカップまでの任期で再び日本代表を指揮している

竹鼻 智

たけはな・さとし

1975年生まれ、千葉県出身。明治大学経営学部卒業、Nyenrode Business Universiteit（オランダ）経営学修士。2006年から英国ロンドン在住。IT業界でコンサルタントや会社員として仕事をしていたが、2016年に連載を開始したエディー・ジョーンズ月刊コラムの執筆を機に、ライターとしても活動するようになった。ラグビーは千葉県の渋谷幕張高校で始め、大学では体育会とサークルの中間レベルにあたる体同連ラグビー部MRCに所属。その後、横須賀ブラックホース、オランダ留学時に通ったビジネススクールのラグビー部、ロンドン南部のマートンRFC（イングランド11部リーグ）、ロンドンジャパニーズRFCでプレーした。英語でインタビューし、日本語で記事を書くというスタイルでライター業をスタートさせたため、クレルモン（フランス）在籍時の松島幸太朗選手（現・東京サントリーサンゴリアス）を相手に、初めて一対一で日本語のインタビューをした際に、予想外に緊張してしまった経験を持つ

エディー戦記《せんき》

だからラグビーは面白《おもしろ》い

2024年10月31日　第1版第1刷発行

著　　者　　エディー・ジョーンズ
発 行 人　　池田 哲雄
発 行 所　　株式会社ベースボール・マガジン社
〒103-8482 東京都中央区日本橋浜町2-61-9
TIE浜町ビル
電　　話　03-5643-3930（販売部）
03-5643-3885（出版部）
振替口座　00180-6-46620
https://www.bbm-japan.com/

印刷・製本　　大日本印刷株式会社

Printed in Japan
ISBN 978-4-583-11695-2 C0075